ニッポン鉄道ひとり旅

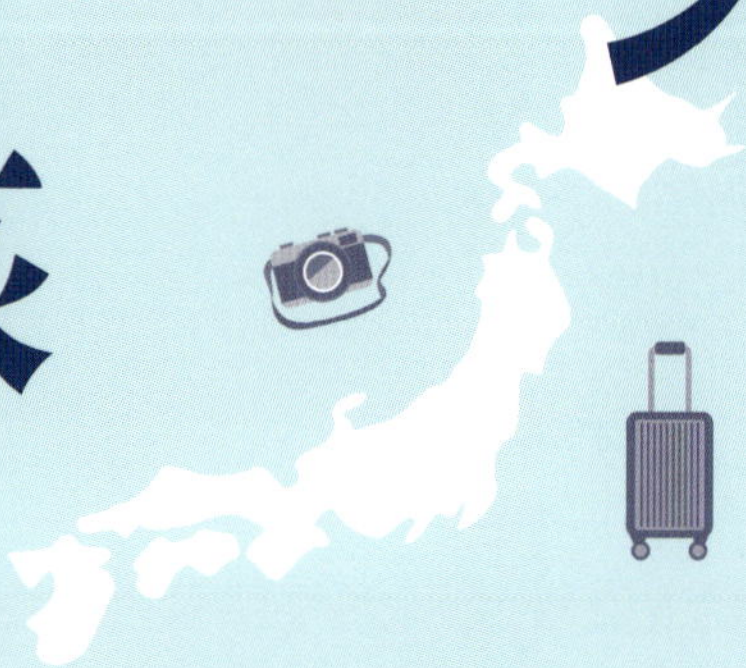

旅鉄BOOKS編集部 編

旅鉄 BOOKS PLUS

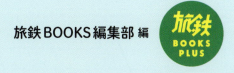

ニッポン鉄道ひとり旅　もくじ

※本書の内容は『旅鉄ＢＯＯＫＳ０６５ 鉄道ひとり旅のススメ』の内容をもとに再編集したものです。
列車の路線や運行情報、施設情報等現在の状況と異なる場合があります。

だから私はひとり旅に出る

クロスシートでぼーっと風景を眺めたり、誰にも言えない〝私だけの〟楽しみを堪能したり、来た列車に飛び乗って、気になる駅で飛び降りて、行き先も、予定も、時間もすべて気の向くまま。

家族や、友人、恋人。誰かと行く旅も楽しいけれど、ひとり旅にはひとり旅にしかない魅力がある。

だから私はひとり旅に行くのだ。

（写真／坪内政美）

自分のリズムや興味に忠実に時間を使えるのがひとり旅の最大の魅力です。気ままに乗り換えたり、途中下車できるのも楽しいですが、何と言っても車窓を眺めながら好きなだけ音楽に没頭できるのは僕にとってたまらない贅沢な時間。サブスクでご当地ソングを検索しながら「歌旅」を楽しめたり、便利な時代です。（オオゼキタク）

なんといっても自分の意思だけで、旅が出来るところです。あ、この駅気になるなと思ったらふらりと降りられるし、海が見たいな…と思ってルートチェンジすることだってできちゃう。他人に気遣う必要なく、思う存分、自分の旅ができます。特に私は日常、人と接することが多いのでこうした時間が大切な〝リセット〟になります。（伊藤 桃）

「自由度がある」「気疲れしない」ということもありますが、ひとりで歩くからこそ地元の方や旅をしている方と話をすることができるのが魅力です。地元の方だから知っている食や風景を聞いたり、話が盛り上がって楽しい時間を過ごすことも多いです。現在は、なかなか話が出来ない時期ですが、普通に会話をしながら旅が出来るのを待ち望んでいます。（佐々倉 実）

おおげさに言えば、ひとり旅は自分にとって生活の一部だ。朝起きて顔を洗い……といったルーティーンの延長線上にひとり旅があると考えている。旅に行きたいと思った瞬間に、行きたい所に自由に行くことができるし、列車の時刻さえ確認すれば十分だからだ。ひとり旅、これほど気楽な旅は他にはない。（松尾 諭）

（写真／松尾 諭）

ひとりで出かける理由はとくになにもないんです。みもふたもないようですが、タマタマというのが正直な答えです。ただ、ひとりゆえのよさはあって、なにも増して勝手気ままに過ごせることでしょう。なにかをするというだけでなく、なにもしないという自由でもあります。なにしろ、ただ単に列車に揺られ車窓を眺めているだけだったりするのですから。（植村 誠）

いつも他人に影響されてきた自分にとって、「旅」という非日常的な自由時間を手渡されることの喜びですね。列車に乗っているときは宿命的にヒマですから、車窓風景や乗り合わせた乗客の人物観察など、けっこう暇つぶしのネタはあるものです。ひとり旅で見たことが印象に強く残るのもヒマゆえのことでしょうね。

（杉﨑行恭）

ひとり旅は予定も行き先も、自由自在に決められるのがイイところ！　誰かと一緒に行く時は行きたい場所やお店の共有と、ルートの相談もぜんぶ事前にしなくてはならないけど、ひとりの場合は「脳内会議」でサクッと終了。チケットとホテルの予約さえ済ませておけば、当日の移動中に旅の中身を決めることもできるので気楽です。（川瀬ホシナ）

ひとり旅の魅力は、自由と孤独です。どこへ行ってもいいし、どこへも行かなくてもいい。気に入った場所があれば、誰にも気兼ねなく突然旅の計画を変更できます。ひとりは時にすごく寂しくてたまらないけれど、ひとりだから、人やものごとに出会うのが嬉しいし、出会いを大切にできるような気がするのです。（谷口礼子）

20代のころ数年かけて海外を歩いたが、大半はひとり旅だった。移動手段、食事、宿泊地などの選択は、当然ながらすべて自分で決断。この「誰にも束縛されない自由」は、何ものにも替えがたい魅力であった。同行者がいなくても少しも寂しくなかったのは、それを上回る好奇心があったからだと、今になって思う。（谷崎 竜）

旅は何人で出かけても楽しいものですが「ひとり旅」では、ひとりきりになる時間を楽しみたいものです。何も考えず、心を開放する時間を作るということ。遠くへ行く必要はありません。ただ、どうせ出かけるのであれば、まだ乗ったことのない路線、降りたことのない駅を訪ねてみたいものです。きっとそこに発見があります。（池口英司）

（写真／松尾 諭）

鉄道カメラマン・ロケコーディネーターという仕事をしている関係上、常にロケハンという頭で旅に出ることが多い。したがって、ほぼ勘と思いつきで行動するできるひとり旅は、自己の知識向上に役に立っている。また、これらの行動は、全て自身の責任で行っているという自覚ももつことができる。同行者がいると、どうしても色々甘えてしまう。（坪内政美）

予定を組んで出かけますが、予期せぬ出会いやトラブル、あるいは自身の突発的な思いつきなどでコースアウトしてしまうこともしばしば。実は旅の面白さとはそんな所にあるのかと思うのですが、それも身軽な独り身だからこそできることだと思います。（米山真人）

ひとり旅の魅力は、同行者に気兼ねせず純度の高い「旅」を楽しめる点に尽きます。また気まぐれを起こして行程変更が可能なうえに、自分のままに食べたいものを食べ、寝たいときに寝ることができ、欲望に忠実な時間が過ごせます。（蜂谷あす美）

臨場感溢れる絵づくりを信条に、鉄道周辺を撮影する旅を続けています。ひとり旅ならば、多人数での行動よりも、撮影上の制約が少なくなります。天候や気分によって旅程を即座に変えられる。沿線撮影で、様々な立ち位置から構図を検討できる。乗客等に一声かけて撮影させていただくことも容易等々。取材の基本はひとり旅ですね。（牧野和人）

おひとり旅の同行者は自分。すなわち自分を見つめ直したり、悩みのあるときは違った環境に自分を置いてみて、じっくりと物事を考える。家族や友人との会話も時としておっくうになる時もあり、そんなときにはひとり旅に出かけるのが最良の解決になると思う。帰ってくると意外にさっぱりとした自分がいることが多い。（木村嘉男）

（写真／米山真人）

ライター

植村 誠 うえむら・まこと

フリーランス記者。夜汽車と「どん行」旅に魅せられてン十年。日本国内だけでなく海外の鉄道でもそんな汽車旅を楽しんでいる。

鉄旅タレント

伊藤 桃 いとう・もも

青森県出身。JR 全線完乗を果たした乗り鉄で、特に国鉄などの古い駅や列車、秘境駅が大好き。著書『桃のふわり鉄道旅』『小田急全駅ものがたり』ほか、多数のメディアに出演中。

ライター・カメラマン

池口英司 いけぐち・えいじ

大学卒業後、出版社勤務を経て独立。鉄道と旅を中心としたライター&カメラマン。日本写真家協会会員。「鉄道ミュージアムガイド」「絶滅しそうな車両図鑑」など著書多数。

ひとり旅アドバイザーのみなさん

鉄道好きのタレントやカメラマン、ライターなど、「鉄道ひとり旅」を楽しむ「ひとり旅アドバイザー」みなさん。鉄道旅の魅力や楽しみ方について伝授してもらった。

ライター

木村嘉男 きむら・よしお

1955年東京都五反田出身。元 JTB 時刻表編集長。退職後の現在も嘱託として毎月の時刻表のチェック業務を行う。乗り鉄で、JR 私鉄全線乗りつぶしの2周目に挑戦中。

イラストレーター

川瀬ホシナ かわせ・ほしな

大阪府出身。イラストレーター・まんが家。旅行・街歩きのイラストルポや観光 MAP を中心に執筆している。47 都道府県の旅を完遂。神社・レトロ建築が好物。

シンガーソングライター

オオゼキタク おおぜき・たく

シンガーソングライター。2004年 Victor よりデビュー。ドラマ主題歌、楽曲提供や高校校歌制作等で話題を集める。鉄道旅好きが高じて鉄道全線ほぼ完乗。

俳優・ライター

谷口礼子 たにぐち・れいこ

神奈川県出身。映画『電車を止めるな！』に蔵本陽子役で出演。旅をしながら演劇を楽しめる「ローカル鉄道演劇」に多数参加。鉄道やバス旅の紀行文も執筆する。

ライター・カメラマン

杉﨑行恭 すぎさき・ゆきやす

兵庫県尼崎市出身。カメラマン＆ライターとして旅行雑誌を中心に活動、また「駅舎」をテーマに全国の駅を巡り続けている。著書に「モダン建築駅舎」（旅鉄 BOOKS）など。

カメラマン

佐々倉 実 ささくら・みのる

1960年東京都出身。四季の鉄道風景を中心に写真映像を撮影。有限会社轍代表。主な著作に「60歳からの鉄道写真入門」（天夢人）など。「沁みる夜汽車」（NHK-BS1）撮影中。

ライター

蜂谷あす美 はちや・あすみ

旅の文筆家。福井県出身。出版社勤務を経て現在に至る。2015年1月に JR 全線完乗。鉄道と旅を中心としたエッセイや紀行文のほか、最近はラジオなどトークでも活躍。

カメラマン

坪内政美 つぼうち・まさみ

1974年香川県出身。スーツ姿での撮影にこだわりをもつ四国在住の鉄道カメラマン・ロケコーディネータ。鉄道雑誌への寄稿ほか、地元四国を中心にテレビ・ラジオにも多数出演。

ライター

谷崎 竜 たにざき・りゅう

1969年愛知県名古屋市出身。千葉大学在学時に JR 全線完乗。卒業後、バックパッカーで世界五大陸を放浪し、旅ライターとして活動する。著書に「赤道の万年雪」（亜紀書房）など。

カメラマン

米山真人 よねやま・まさと

1977年埼玉県川越市出身。和菓子職人を経てフリーランスカメラマンに転向。本誌にて「ねこと鉄道」連載中。鉄道のほか建築、舞台、人物を撮影。座右の銘は「人生は旅と艶」。

カメラマン

松尾 諭 まつお・さとし

1977年奈良県生まれ、三重県育ち。旅行会社勤務を経て、2009年からフリーのフォトグラファー・ライターとなる。鉄道趣味誌や旅行雑誌などで写真や記事を発表している。

カメラマン

牧野和人 まきの・かずひと

1962年三重県出身。幼少期より蒸気機関車に親しみ、2001年より写真撮影・執筆等を生業に。広告、雑誌への写真提供や著書多数。近著は『ディーゼル機関車の世界』（天夢人）。

さあ、鉄道ひとり旅へ——

第1章

鉄道ひとり旅への誘い

鉄道ひとり旅のメリットや楽しみ方、
マストアイテムなど、
鉄道ひとり旅をはじめる前に
知っておきたいアドバイスをご紹介

鉄道ひとり旅のススメ

車内で気ままに過ごせたり、自由な行程を楽しめたり、鉄道でいくひとり旅ならではの魅力をご紹介

移動だけで非日常が楽しめる

身近な乗り物であるからこそ、ふだん乗らない列車に乗るだけで、「非日常」感が楽しめるのも鉄道ひとり旅のおもしろさ。移り変わる車窓、旅情たっぷりのクロスシート、特別感ある観光列車……など移動するだけで旅気分が盛り上がる。

旅の記録が残しやすい

基本的には発車時刻と到着時刻が明確な鉄道。時刻表にチェックを入れたり、トラベルノートやスマホアプリにメモしたりと、旅の記録も残しやすい。きっぷや駅スタンプなど、旅の記録を「形」として残せるのもうれしい。

ルート変更も途中下車も思いのまま！

知らない路線に乗っていると、気になる駅名や車窓に思わず降りたくなることも。ひとり旅なら、気の向くままに途中下車したり、目の前の列車に飛び乗ったりと急な予定変更も自由にできる。

キツイ行程も ひとりなら遠慮なく 挑戦できる

フリーきっぷを使い倒したり、路線・エリア完乗を目指したりと、人を付き合わせるにはしのびない〝強行軍〟的な行程にも挑戦できる。「ただ鉄道に乗るだけ」の旅ができるのもひとり旅ならではだ。

人気列車のチケットも ひとりなら取れるかも

人気の観光列車や特急は発売直後に満席……なんてこともある。だが、一席だけならぽっかり空きがあったり、直前にキャンセルが出たりとなにかと融通が利きやすいのもひとり旅のメリットだ。

気兼ねなく寝られる

列車に揺られていると、旅の疲労とあいまってついウトウトしてしまいがち。同行者がいるとそのまま寝るのがはばかられる場合もあるが、ひとりなら誰にも気兼ねすることなく夢の世界へ旅立てる。

お酒や食事も楽しめる

列車によっては車内で食事やお酒が楽しめるのも鉄道旅の楽しさ。旅先でも、自分で運転するしかない自動車や自転車でのひとり旅の場合、お酒はＮＧ。鉄道旅なら遠慮なくお酒を堪能できる。

鉄道ひとり旅のコツ

よりお得に旅をしたり、急な予定変更に対応したり、ひとり旅ならではの楽しみを発見したり。鉄道ひとり旅を楽しむためのワンポイントアドバイスを紹介

チケットレスサービスを活用

乗車券がわりのICカードに加え、昨今は鉄道各社で特急のチケットレスサービスの導入も進んでいる。スマホ一つで予約から乗車まで完結できる上、座席や時刻の変更にも対応。急な予定変更をしがちなひとり旅人にはぜひ活用してほしい。

主なチケットレスサービス

スマートEX（東海道・山陽新幹線）
えきねっとチケットレスサービス（JR東日本）
J—WESTチケットレス（JR西日本・JR四国）
Smooz（西武鉄道）
東武ネット会員サービス（東武鉄道）
南海・特急チケットレスサービス（南海電鉄）
チケットレス特急券（近畿日本鉄道）

旅のおともを持っていく

話相手のいないひとり旅。何もしないで過ごすのも楽しみ方の一つだが、とはいえ長距離列車などだと手持ち無沙汰になることも。本や音楽プレーヤーなどなにかしらひとり時間を楽しめるアイテムを持っていくのがおすすめ。

P22 ひとり旅アドバイザーたちの旅のおとも をチェック！

おトクなきっぷを事前にチェック

ひとり旅に限らず鉄道旅では、おトクなきっぷを活用することがおすすめ。当日に購入できないものや、反対に現地窓口でしか購入できないきっぷもあるので事前に調べておこう。

P146 おトクなきっぷ情報 をチェック！

他の乗り物との合わせ技でさらに楽しむ

レンタカーを活用してショートカットしたり、自転車を持ち込めるサイクルトレインを利用して活動範囲を広げたり、鉄道と他の乗り物を組み合わせるのもオススメ。時には高速バスやフェリーを組み合わせて、ダイナミックな旅も！

P72 鉄道とあわせて乗りたいフェリー
をチェック！

自分だけの楽しみ方を見つける

超マニアックな鉄道趣味を堪能したり、鉄道に限らず誰かと一緒では楽しみにくい「私だけの密かな楽しみ」を味わうのもひとり旅のだいご味。ひとりだからできる自分なりの楽しみ方を見つけてみよう。

P24 密かなひとり旅の楽しみ方
をチェック！

ちょっとリッチな列車に乗ってみる

「何にお金をかけるか」もひとり旅なら自分次第。ひとりだからこそ、普段は乗らないちょっとリッチな観光列車や特別な座席に乗ってみるのもよし。逆に青春18きっぷなどを活用して限界旅を楽しむのもよし。

P34 おすすめ観光列車
をチェック！

ひとり旅アドバイザーに聞く!

これだけは外せない旅のおとも

列車での暇つぶしアイテムや、
自分しか頼れないひとり旅だからこその
便利アイテムなど、
ひとり旅に欠かせない、
旅のマストアイテムとは——?

その土地の旅行記

最近の本なら旅ガイドとして、古い本なら現在との対比を楽しめる。宮脇俊三氏と沢木耕太郎氏の著作は繰り返し読めるのでよく持参した。（谷崎 竜）

ipad mini

ipad mini にガイドブック、映画、本をダウンロードして持って行きます。イヤホンは充電を気にしなくてよい有線タイプを持参。（川瀬ホシナ）

紙の時刻表

荷物になるからと敬遠しがちな時刻表だが、列車の中だからこそ、じっくり読める。またその分厚さから、うたた寝のまくら代わりにも最適。（坪内政美）

タブレット端末

いつも地図ソフトを起動していて、川や山の名前を探ったり検索できるようにしています。異国を調査するスパイみたいでとても楽しい。（杉﨑行恭）

地形の分かる紙の地図

車窓を眺めながら地図をチェック、「もうすぐ鉄橋を渡る」「左側に海が見える」など確認すれば、景色の見落としがありません。スマホでも良いのですが、電波がなかったり、すぐに書き込みなどを考えると紙の地図がおすすめです。

（佐々倉 実）

犬のぬいぐるみ

小さな犬のぬいぐるみをいつもそっと連れて行っています。リュックからちらっと顔が見えると安心。名前は「いぬ」です。（谷口礼子）

本

昔は時刻表でしたが、最近は面倒になりました。今は本が必携です。小説などの文芸書には、スマホにはない世界があります。

（池口英司）

カラビナ、南京錠、紐

用足し等で座席を離れなければならない時等、荷物を座席や網棚に繋いでおくために使う。ひとり旅故、身の回り品の保護はご自身で。　（牧野和人）

(アンチアイテムとして)
モバイル類

1～2冊の本とMP3プレイヤーはたいてい持参します。逆にパソコンやモバイル（ネット）と決別した旅がモットーです。

（植村 誠）

モバイルバッテリー

何があっても頼れるのは自分だけなので、外部との通信、連絡手段は常に維持できるようにしています。

（蜂谷あす美）

列車に「ただ乗るだけ」の旅もひとりなら気兼ねなくできる

私はこう楽しむ！

鉄道ひとり旅の楽しみ方

同行者がいないひとり旅は、旅の楽しみ方もその人しだい。“私だけのひとり旅の楽しみ方”をひとり旅アドバイザーのみなさんに聞いてみた

駅スタンプの収集。ターミナルステーションなどでは目立つところに設置されている駅スタンプだが、隠れスタンプも数多くある。窓口の駅員に聞いてみないとスタンプの有無が分からず、おおやけになっていないためか、きれいな状態のスタンプであることが多い。（**松尾 諭**）

砕石（バラスト）積込設備のある駅を訪ねる。線路に敷かれている砕石を積み込む設備のある駅は関東近郊では吾妻線の小野上駅、水郡線の西金駅だ。いずれも山深い場所に位置し、駅構内からも砕石が山積みされている様子が分かる。（**松尾 諭**）

私鉄でも全線完乗を目指しているので、せっかくなら起点から終点まで完乗することです。やっぱり車止めを見た時の満足感はやめられません。（**伊藤 桃**）

駅や列車のトイレ撮影。……これ以上詳細は書けません（笑）（**蜂谷あす美**）

ディープな鉄道趣味こそひとりで

水郡線の西金駅。線路脇に砕石が山積みに（写真／松尾 諭）

こころゆくまで駅を堪能

一日中列車に乗ってるだけの乗りつぶし旅はなるべくひとり旅にしようと思っている。乗り継ぎ時間も僅少で、食事の時間も満足にはとれず、ひたすら効率のよい乗りつぶしを実行するにはやはりひとり旅が気楽である。でもただ効率の良さを求めるだけでなく、時には途中下車や回り道も織り交ぜたい。（**木村嘉男**）

ホームの上屋を支える柱等に、古いレールが用いられている場合があります。それらの中に製造元や製造年の刻印を見つけると、降り立った駅や路線の成り立ちに、想いを馳せるきっかけとなります。ドルトムントやカーネギー等、海外の銘柄を見つけると潮風にめげず、遠い日に海を越えてやって来たレールが愛おしく想われます。（**牧野和人**）

駅舎の写真撮影。訪ねた駅は大小関わらずカメラに収めている。駅の変化に気づくことができるし、駅名板を見ることでその土地に来たことを実感できるからだ。余談ではあるが、予土線の駅では今でも「国鉄○○駅」と書かれた誘導板が残っているらしい。（**松尾 諭**）

無人駅の掃除。だいたいの無人駅には待合室に箒《ほうき》とチリトリが置いてあるので、それを拝借します。時間を持て余した時にやってみたのですが、車のように所有欲を満たせない鉄道趣味において、なんとも言えない達成感と一体感が味わえて、綺麗になった駅を眺めひとり悦に浸っております。（**米山真人**）

駅舎を訪問することの作法として、心を鎮めて、いったん離れて全景を観察、それから正面、側面、ホーム側、便所、看板の順に見ていきます。駅スタンプの有る無しも調べましょう。最低でもひと駅1時間滞在すると、近所の猫の顔も知るでしょう。（**杉崎行恭**）

ひとり無心に駅を清掃。心も駅も清められる。

旅先でのお楽しみ

オーダーメイドのスタンプ帳。
まさに「私だけ」の一冊
（写真／川瀬ホシナ）

旅先で収集しているのは観光地や駅、お城などのスタンプ。京都でオーダーメイドした自分専用のスタンプノートに、旅の記念として押しています。ひとりだと同行者に気を遣うことなく、見つけたスタンプ台に駆け寄れるのがいいです。**（川瀬ホシナ）**

春は山菜の季節。地域を問わず、山中の無人駅周辺ではワラビ等が自生していることが少なくありません。また、目的地へ向かう途中の道端にも思いがけずツクシが群生していたりします。気が付けば持参した袋一杯に野草を採っていることがあります。当日、宿へ入った際、収穫物の保存は袋へ少し水を入れて備え付けの冷蔵庫へ。

（牧野和人）

酔って電車に乗るのが億《おっ》劫《くう》なので普段はお酒は飲まないのですが、旅先ではここぞとばかりに繁華街に宿をとって夜の街へ繰り出します。地元の人たちが入るような店で、現地の人たちと話をするのが楽しみです。本格的に赤提灯紀行としてまとめようかと考え始めた矢先にコロナになり、気になるお店もいくつかなくなり残念です。

（米山真人）

旅先だとつい、ガード下や繁華街のいい感じのお店に入りたくなる
（写真／米山真人）

普段なかなか自分では着ることのできない和装。レンタル着物を利用して街を歩けば旅という非日常に、いつもとは違う自分が重なり見慣れた景色もまた違ったものに見えます。思い出深いのは京都清水寺散策と、秩父銘仙での秩父神社参拝。

（米山真人）

乗るも降りるも思いのまま！

やっぱり一日をたーっぷり乗り鉄したいので、始発行動はマスト。特に、ローカル線は朝の通勤時間だと本数が増えるのでこの時間は逃せない。（伊藤 桃）

知らない土地を歩くことが好きなので、途中下車した駅で時間があれば、近隣駅まで徒歩で移動することが多い。ときには1時間以上歩くこともあり、最長は北濃～九頭竜湖《くずりゅうこ》間の約5時間。同行者がいる場合、よほど趣向が合わないと同意を得るのは難しいが、ひとり旅なら好きなだけ徒歩移動を楽しめる。（谷崎 竜）

おもしろそうな駅を見つけると列車を飛び降ります。降りる前に、一応、時刻表で次の列車がいつ来るのか調べますが、大丈夫と判断したら突然降りてしまいます。北海道の「朝里《あさり》駅」という海に近い駅で降りて、波の打ちつける景色を見ながら、ただ持っていたおにぎりを食べたことがあります。ひとりだからできてしまう脈絡のない行動が楽しくもあります。（谷口礼子）

最初は東西南北と方角を選び家をとび出る。そして向かいながら目的を定めていくスタイル。徐々に旅へのモチベーションを上げていくのを楽しんでいる。（坪内政美）

この5月、小生と同じ「杉崎駅」（高山本線）に行きました。当然ながら駅名もバス停もみんな杉崎、近くの街道には『幸子』というカラオケスナックも、ちなみに杉崎幸子は、母のフルネームです。（杉崎行恭）

終着駅と別の駅の間を徒歩・バス・船などショートカットしてつなぐ旅にはまっています。途中ちょっと寄り道して未成線や廃線、保存車両など鉄道歴史散歩を楽しむことも。時刻表に掲載がなく、天候や運にも左右される（失敗もあり得る！）ため、同行者がいると気を遣ってしまいますがひとり旅なら興味のままに試せます。（オオゼキタク）

廃線跡や鉄道資料館など、歩かなければ見つけられないスポットも（写真／オオゼキタク）

ひとりなら食のこだわりも妥協しない

旅先であらゆるウニグルメをゲット！（写真／佐々倉 実）

「駅前食堂を見たら入って食う」を、自らに課した掟としています。それがどんなに危険そうな食堂でも。実感として6割は「食って差し支えない」レベルであると言えます。でも、駄目な食堂も、駄目という貴重な情報となります。（**杉﨑行恭**）

実はウニが好き。夏の旅での楽しみはウニ。市場などで見かけるとつい近づいてしまいます。値段を見て悩みますが、ひとり分ならなんとか出せると、ついつい買ってしまいます。（**佐々倉 実**）

新幹線ガチガチアイスクリーム。（**池口英司**）

旅の中で重要な部分を占めるのが食事。ひとり旅の場合、ほとんどコンビニかラーメン屋など。旅の目的が「食」ではないと自分に納得させているので、毎日続いても苦にならない。同行者がいる場合はとてもできない芸当かと思う。（**木村嘉男**）

好きな時に好きなものが食べられるのもひとり旅のだいご味

博物館が好きなので、ひとりのほうがじっくり観賞しやすくていいです。あと、どこに行こうが「仙台牛タン」の店を見つけると入ってしまいます。ひとり旅のときはマイペースに好きなものを楽しんでます。（**川瀬ホシナ**）

ひとり旅人に人気？ ご当地スーパー

実は地元スーパーが好き。スーパーマーケットは地方によって品ぞろえがいろいろと違います。駅前にあるときには少しの時間でも立ち寄ります。地元ならではの海鮮物はもちろん、東京では手に入りにくい地元調味料を探して持ち帰ります。おかげで自宅の棚には全国の醤油やソースなどがずらっと並んでいます。

（佐々倉 実）

必ず地元のスーパーには立ち寄るようにしている。地域ならではの食材やご当地カップ麺やお菓子を見つけた時は、どうしようもなく衝動買いしてしまう。おそうざいコーナーは穴場。

（坪内政美）

各地のスーパーをめぐっています。駅弁や地元の名物を提供する飲食店は「よそから来た人へのおもてなし」ですが、スーパーに行くと地元の人が普段くちにしている食べ物、飲み物がずらっと並んでいます。ときには見たことのない魚なども。ご当地感を楽しめます。

（蜂谷あす美）

ご当地スーパーで
ひとりじっくりと品定め。

列車や駅で気ままに過ごす

実はネコが好き。ローカルな駅での乗り継ぎ時間など、ヒマを持て余すと探し始めるのがネコ。こっちを向いてくれた時にはカメラを向けて記念写真です。

（佐々倉 実）

ローカル駅で出会うネコは、ひとり旅の話相手？（写真／佐々倉 実）

根室本線や関西本線等の山間区間では、線路近くにシカをはじめ、動物が出没することもしばしば。列車に乗る際は運転台の横に立ち、予期せぬ登場の瞬間を期待しています。また、地域によっては沿線に動物や鳥が意外といるものです。出会いに気分は高まりますが、寄生虫等を持つものもいるので、むやみに触ってはいけません。

（牧野和人）

読書。長時間の乗車がある時は、文庫本を2～3冊携えるようにしています。

（池口英司）

車窓を堪能したり、ゆっくり本を読んだり過ごし方はさまざま

「あえてなにもしない」贅沢なひととき

日常の喧騒から離れて
何もせずに過ごす。
ある意味いちばんの贅沢

睡眠。居眠りです。眠くなったら眠る。同行者がいたり、仕事の一部の旅行ではこれが許されませんから、状況が許せば、積極的にとるようにしています。新横浜から新幹線に乗り、気が付いたら広島ということもあります。（池口英司）

寝ています。わざわざ旅に来ているのにと思われるかもしれませんが、うとうとしてまどろみながら車窓を見ている時間が多いです。ほとんど寝ているといっても過言ではないでしょう。でも、寝てはいけないなんてルールはありません。結局、ものすごく贅沢な時間の使い方をしていると思います。……もちろん、目を開けて楽しんでいる時もありますよ！（谷口礼子）

とくになにもしないというのもひとり旅ならではの楽しみのような気がします。鉄道に乗ってどこそこにというラフスケッチぐらいはあっても、あとは成り行き任せという無計画な旅も多いんです。これが同行者がいるとなると、自分勝手になにもしないワケにもいきませんが、逆に親しい友人らと旨いモノを楽しんだりして、それはそれで発見があったりもするのですが……。（植村 誠）

column 1

鉄道ひとり旅の荷造り

自動車移動なら大きな荷物でも積みっぱなしにできるが、鉄道旅では基本的に移動中は荷物を持ち歩くことになる。そのため、荷物はできる限りコンパクトに収めたいところ。また、車内でも駅の移動でも負担になることが多いため、できればキャリーバッグの利用は避け、リュックやショルダーバッグなど小回りの利くかばんがおすすめ。列車内では荷棚、観光中は駅のコインロッカーを活用して身軽に過ごすのもアリだが、乗り換えの多い旅では荷物の置き忘れにも要注意だ。その意味でも、身に着けておけるかばん一つに収めておきたい。

鉄道旅では階段や狭い改札などの移動を余儀なくされることも多い。荷物はなるべく身軽にまとめよう。使い捨てアイテムを活用したり、消耗品は現地調達で済ますなど工夫したい

第2章

ひとりで乗りたい鉄道

おひとり様シートのある観光列車や、
個室寝台列車など、
ひとりで乗るからこそ楽しめる、
おすすめの列車を見てみよう

＼ひとり旅アドバイザーに聞く／

ひとり旅人向け列車

乗るも降りるも自由で、寝てたってかまわない鉄道は気ままなひとり旅にぴったりの乗り物だ。

そんな鉄道の中でも、特にひとり旅人におすすめな列車や座席をまずは紹介しよう。

窓に面した、贅沢なおひとり様席があるHIGHRAILを選んでみました。長野ワインを飲みながら、緑豊かな小海線の車窓を堪能できます。（伊藤 桃）

＼おひとり様座席で車窓を堪能／

HIGH RAIL 1375

区間：小諸～小淵沢
車両：キハ100・110系

＼リッチな座席で九州を縦断！／

にちりんシーガイアDXグリーン

区間：博多～宮崎空港
車両：787系

博多～宮崎空港413.1キロを結ぶ787系電車特急のDXグリーンで一人時間を満喫。ぜひ堪能してほしいです！（オオゼキタク）

（上写真／オオゼキタク）

＼レトロな客車であたたかなひととき／

津軽鉄道 ストーブ列車

区間：津軽五所川原～津軽中里
車両：DD350形（機関車）、オハフ33形・オハ46形（客車）
※例年12月1日～翌年3月31日運行

冬に運転される津軽鉄道のストーブ列車は、観光列車の賑やかさと雪原を走る孤独な列車の対比が味わえておすすめ。観光客の多くが下車する金木駅から終点の津軽中里駅までの間が、旧型客車を存分に味わえる時間です。（杉﨑行恭）

冬の名物「ストーブ列車」。1両に2か所ある石炭ストーブの周りに人が集まり、はじめて会った人とでもスルメを焼いたりお酒を呑んだりと打ち解けることができます。暖かいストーブで和やかな会話、旅をして良かったと思える時間です。（佐々倉 実）

＼これぞローカル線！旅情たっぷり／

キハ40系の普通列車

区間：JR北海道、JR西日本、JR四国、JR九州の一部路線ほか

学生時代からなじみのある車両はキハ40系で紀勢本線や参宮線、高山本線ではお世話になった。今でも普通列車として運転されるキハ40系はひとり旅には欠かせない存在。（松尾 諭）

＼ひとりの夜を楽しむ個室寝台／

サンライズ出雲・瀬戸

区間：東京〜出雲市、東京〜高松
車両：285系

大半が一人用個室のため、二人で利用しようとすると一気に難易度があがります。「ひとり旅前提」列車ではないでしょうか。（蜂谷あす美）

サンライズエクスプレスのシングルDX。2階天井までかかる大型窓と羽毛布団付きベッド、室内壁面の鏡のマジックで部屋が広く見えるのもポイント。飲食サービスこそありませんが、現在の日本最高峰の設備だと思います。（植村 誠）

＼北海道らしい景色の中を駆ける／

北斗

区間：札幌〜函館
車両：261系

大沼国定公園の中を通り抜けたり、北海道駒ヶ岳を観賞できたりと、景色を眺めていると飽きません。海沿いを長く走るのも嬉しいです。（川瀬ホシナ）

＼多彩な楽しみ方ができる観光列車／

海里

区間：新潟〜酒田
車両：HB-E300系

羽越本線を走る観光列車です。車窓風景、車内での食事など、さまざまな楽しみがあり、この列車の運転区間である新潟や酒田を新たな起点にして、もう一つの旅を楽しめます。そのオプションの多さも、ひとり旅向きだと思います。（池口英司）

（写真／坪内政美）

＼リニューアル車両にも注目！／

伊予灘ものがたり

区間：松山～伊予大洲、松山～八幡浜
車両：キハ185系

伊予灘を見ながら走る予讃線の観光列車。ひとり旅に最適なカウンター席があり、沿線の方のおもてなしがとてもあたたかいです。（谷口礼子）

マリンビューや窓越しに地域のおもてなしが実感できる、おひとり様用のカウンターをもつ伊予灘ものがたり。2022年春にキハ185系3両へとリニューアルされたのでさらに注目！（坪内政美）

＼気になる特急列車／

近畿日本鉄道
ひのとり

区間：大阪難波～名古屋　車両：近鉄80000系

ひとり座席のプレミアムシートにゆったり座って、ぼーっと外を眺めている旅が最高。新幹線にはない2時間の贅沢！（木村嘉男）

＼知られざる特等席／

名松線の普通列車
先頭部

区間：松阪～伊勢奥津　車両：キハ11形

家城駅以遠は渓流と山里の景色が凝縮され、気分は小さな只見線。平日の日中は観光客等が少なく、一人車内森林浴を楽しめるかも。（牧野和人）

おひとり様シートがある観光列車図鑑

1人掛けシートやカウンター席のある観光列車をチェック！
列車ごとの持ち味を加味しつつ、ひとり旅に生かしてみよう。

取材・文◉植村誠、編集部

JR 北海道
キハ261系5000番台

運転区間：札幌～稚内間など
おすすめシートタイプ：カウンター席
乗車方法：乗車券・自由席特急券

キハ261系の派生形として2020年10月に登場。多目的特急車両の位置づけで、観光列車のほか「宗谷」など定期特急への運用も。1号車自由席にカウンター席が設けられている。

JR 東日本
SLばんえつ物語

運転区間：新津～会津若松
おすすめシートタイプ：1人席（グリーン車）
乗車方法：乗車券＋指定席グリーン券

C57形蒸機が牽引。12系7両編成は普通車ボックス席が中心だが、7号車グリーン車のみ1+2列でC席が1人用となっている。1・4号車はフリースペースで、余裕度の高い編成だ。

JR 東日本

HIGH RAIL1375

運転区間：小淵沢〜小諸
おすすめシートタイプ：シングルシート
乗車方法：乗車券＋指定券

列車名の1375は清里〜野辺間国内最高地点の標高にちなむ。1号車に「シングルシート」、2号車にも1人席がある。12〜3月中旬は「 HIGH RAIL星空」として運行。

窓向きの1人用回転クロスシートがある「HIGH RAIL 1375」

JR 西日本

花嫁のれん

※令和6年能登半島地震のため運転休止中

運転区間：金沢〜和倉温泉
おすすめシートタイプ：カウンター席
乗車方法：乗車券＋指定席特急券

キハ48形改造2両編成で輪島塗りや加賀友禅など沿線の伝統工芸の調度があつらえられている。2号車にカウンター席がありひとり旅にも便利。

JR 西日本

ベル・モンターニュ・エ・メール～べるもんた～

運転区間：城端～高岡～氷見
おすすめシートタイプ：カウンター席
乗車方法：乗車券＋指定券

高岡を拠点に城端線と氷見線で運行。予約で富山湾の海の幸などをそろえた食事が楽しめる。ひとり旅にはカウンター席が便利で、富山湾や立山連峰などの絶景もこちら側。

短距離区間ながら車窓の変化に富むトリップが楽しめる「べるもんた」

JR 西日本

La Malle de Bois

運転区間：岡山～琴平など
おすすめシートタイプ：カウンター席
乗車方法：乗車券＋指定席グリーン券

列車名はフランス語で「木製の旅行かばん」。岡山を拠点に「ラ・マルことひら」などとして運行されている。カウンター席主体で、自転車搭載スペースを持つのも特徴だ。

JR 西日本

あめつち

運転区間：鳥取～出雲市など
おすすめシートタイプ：カウンター席
乗車方法：運賃＋指定席グリーン券

島根・鳥取の伝統工芸(石州瓦や岩井窯など)を車両各所に生かしたデザインが見どころ。2両ともにカウンター席と2人ボックス席で構成。事前予約で食事サービスも楽しめる。

JR 西日本

うみやまむすび

運転区間：寺前～浜坂など
おすすめシートタイプ：カウンター席
乗車方法：乗車券

キハ40系「天空の城 竹田城跡号」をリニューアルしてデビュー。宝箱をイメージし、外観デザインにコウノトリをあつらえてある。城崎温泉を拠点に普通列車などとして運行。

JR 西日本

WEST EXPRESS 銀河

運転区間：京都～新宮ほか
おすすめシートタイプ：1人用個室、1人用寝台（夜行）
乗車方法：旅行商品での購入ほか

西日本エリアを走る寝台列車。1号車「ファーストシート」は夜行では1人用ベッドに、6号車「プレミアルーム」うち1室は1人用個室となっている。

JR 西日本

◯◯のはなし

※長門市～小串間災害運休の影響で運行中止中

運転区間：新下関～東萩など
おすすめシートタイプ：カウンター席
乗車方法：乗車券＋指定券

ひとり旅に便利なのは和風車のカウンター席。ほかにペアシート（カウンター）、ボックス席などを用意。予約で弁当やおつまみなども楽しめる。

JR 西日本

etSETOra

運転区間：広島～尾道
おすすめシートタイプ：カウンター席
乗車方法：乗車券＋指定席グリーン券

広島を拠点に呉線と山陽本線で運行。2両ともに瀬戸内海側に向いたカウンター席がある。予約で味わう沿線スイーツ「瀬戸の小箱（和・洋）」もおすすめ。

JR 四国

伊予灘ものがたり

運転区間:松山～伊予大洲・八幡浜
おすすめシートタイプ:カウンター席
乗車方法:乗車券+指定席グリーン券

レトロモダンをコンセプトにした列車で、事前予約で地元食材が楽しめる。ひとり旅にはカウンター席がおすすめ。2022年に車両を全面リニューアルした。

JR 四国

四国まんなか千年ものがたり

運転区間:多度津～大歩危
おすすめシートタイプ:カウンター席
乗車方法:乗車券+指定席グリーン特急券

「おとなの遊山」がコンセプトの列車で、地元食材の料理と吉野川や大歩危・小歩危などの渓谷美が楽しめる。3両編成のうち1・3号車の一部はカウンター席になっている。

JR 四国

志国土佐 時代の夜明けのものがたり

運転区間:高知～窪川
おすすめシートタイプ:カウンター席
乗車方法:乗車券+指定席グリーン特急券

2020年7月に運転を開始した土佐の偉人をイメージした観光列車。車内では地元食材を楽しむことができる。1号車の一部と2号車の海側席はカウンター席になっている。

JR 九州

36ぷらす3

運転区間：博多→鹿児島中央、
鹿児島中央→宮崎ほか
おすすめシートタイプ個室、1人席
乗車方法：乗車券＋
指定席グリーン特急券

九州7県を5日間かけて走る。6両編成のうち5号車と6号車は2+1列のリクライニングシートで、乗車券と指定席グリーン券で利用できる。3号車のグリーン個室は1人利用も可。

JR 九州

かわせみ やませみ

運転区間：熊本～宮地
シートタイプ：個室、1人席
乗車方法：乗車券＋指定席特急券

豊肥本線の熊本～宮地間で運転される観光列車。車内は木製を基調としたあたたかみのあるインテリア。ひとり旅ではカウンター席を利用したい。

JR 九州

あそぼーい!

運転区間：熊本～別府
おすすめシートタイプ：1人席
乗車方法：乗車券＋指定席特急券

熊本～別府間を豊肥本線経由で運転するD&S列車。ひとり旅では1号車・4号車のパノラマシートを利用したい。全車自由席での運転日もある。

JR 九州

指宿のたまて箱

運転区間：鹿児島中央〜指宿
おすすめシートタイプ：カウンター席
乗車方法：乗車券＋指定席特急券

薩摩半島に伝わる竜宮伝説をテーマにしたD&S列車。白黒に塗り分けられた外観が特徴的。2号車と1号車の一部には、海側にカウンター席が設けられている。

JR 九州

海幸山幸

運転区間：宮崎〜南郷
おすすめシートタイプ：1人席
乗車方法：乗車券＋指定席特急券

青島付近で見られる「鬼の洗濯岩」と呼ばれる波状岩など日南海岸の車窓が楽しめるD&S列車。車内には2+1列のリクライニングシートが備えられている。

肥薩おれんじ鉄道

おれんじ食堂

運転区間：新八代〜川内ほか
おすすめシートタイプ：カウンター席
乗車方法：WEB予約など

東シナ海や八代海の美しい海岸線を眺めながら食事が楽しめるレストラン列車。2両編成のうち1号車「ダイニングカー」の海側にはカウンター席が設けられている。

1号車「ダイニングカー」。海を見ながら食事ができる

叡山電鉄

きらら

運転区間：出町柳～鞍馬ほか
おすすめシートタイプ：1人席
乗車方法：乗車券＋乗車整理券

沿線の眺望が楽しめるように大きなガラス窓を採用した展望列車。座席は2+1列シートが基本になっているが、車両中央の2人掛けシートは窓側へ向けて配置されている。

京都丹後鉄道

丹後あおまつ号

運転区間：天橋立～福知山ほか
おすすめシートタイプ：カウンター席
乗車方法：乗車券

普通運賃のみで乗車可能な観光列車。ソファ席やカウンター席がありひとり旅にもぴったり。普通列車ながらサービスカウンターなどもあり車内販売も行われる。

京都丹後鉄道

丹後あかまつ号

運転区間：天橋立～西舞鶴
おすすめシートタイプ：カウンター席
乗車方法：乗車券＋乗車整理券

由良川橋梁や奈具海岸など絶景区間が多い宮舞線の観光列車。「あおまつ」と同様にソファ席やカウンター席がある。こちらは運賃と乗車整理券（550円）で乗車可能。

近畿日本鉄道

しまかぜ

運転区間:大阪難波～賢島ほか
おすすめシートタイプ:1人席
乗車方法:乗車券+特急券+特別車両料金

大阪・京都・名古屋から伊勢志摩を結ぶ観光特急。1・2・5・6号車のプレミアムシートは2+1列配置で、本革を使用した電動リクライニングシートを採用している。

座席のリクライニングだけでなく窓のブラインドも電動式

近畿日本鉄道

青の交響曲

運転区間:大阪阿部野橋～吉野
おすすめシートタイプ:1人席
乗車方法:乗車券+特急券+特別車両料金

「上質な大人旅」をコンセプトにした観光特急。1・3号車は2+1列配置のデラックスシートでゆったりとシートで快適な旅が楽しめる。2号車にはラウンジスペースもある。

南海電鉄

天空

運転区間:橋本～極楽橋
おすすめシートタイプ:カウンター席
乗車方法:乗車券+座席指定券

和歌山県の橋本駅から世界遺産・高野山への玄関口である極楽橋駅を結ぶ。展望デッキなどがあるほか、窓向きのカウンター席から高野山麓の絶景が堪能できる。

長良川鉄道
ながら

運転区間：美濃太田～北濃ほか
おすすめシートタイプ：カウンター席
乗車方法：乗車券＋乗車整理券ほか

岐阜県の長良川沿線を走る観光列車。車内には岐阜県産の木材などを使用し、食事つきプランでは地元食材も楽しめる。一部座席がカウンター席になっている。

あいの風とやま鉄道
一万三千尺物語

運転区間：高岡～黒部、富山～泊
おすすめシートタイプ：カウンター席
乗車方法：WEB 予約ほか

国鉄型車両413系を改造したレストラン列車で、地魚を使用した富山湾鮨や懐石料理が楽しめる。1号車の山側はカウンター席になっており雄大な立山連峰などが望める。

えちごトキめき鉄道
雪月花

運転区間：上越妙高～妙高高原～糸魚川ほか
おすすめシートタイプ：カウンター席
乗車方法：WEB 予約ほか

新潟県の上越地方を走るリゾート列車。1号車にはカウンター席があり、地元産の旬な食材や、天井近くまである大きな窓から妙高山や日本海の眺望が楽しめる。

しなの鉄道
ろくもん

運転区間：軽井沢～長野ほか
おすすめシートタイプ：カウンター席
乗車方法：WEB 予約ほか

列車名は沿線ゆかりの武将・真田家の家紋である「六文銭」が由来。2号車にはカウンター席とソファ席が並び、沿線の風景を眺めながら食事が楽しめる。

伊豆急行

リゾート21

運転区間：熱海～伊豆急下田
おすすめシートタイプ：1人席ほか
乗車方法：乗車券

「黒船電車」と「キンメ電車」の2編成が在籍し、伊豆急行線と伊東線で普通列車として運転される。車内には海側には窓向きのソファ席、山側には1人席が並ぶ。

伊豆の特産品をアピールする「キンメ電車」。車両内外にキンメダイのイラストがあつらえてある

富士急行

富士山ビュー特急

運転区間：大月～河口湖
おすすめシートタイプ：1人席
乗車方法：乗車券＋指定席特急券

元JR371系を改造した観光特急。その名の通り、随所で富士山が眺望できる。3両編成のうち、1号車は全席指定の特別車両で1人席か半円のテーブル席が1人利用できる。

伊豆急行

THE ROYAL EXPRESS

運転区間:横浜〜伊豆急下田ほか
おすすめシートタイプ:1人席ほか
乗車方法:旅行商品での購入

東急電鉄が催行するクルーズ列車。JR横浜駅から伊豆急行の伊豆急下田まで運行する。8号車には1人席が6席配置されている。近年は北海道など各地でも運転された。

JR 東日本

サフィール踊り子

運転区間:東京・新宿〜伊豆急下田
おすすめシートタイプ:1人席
乗車方法:乗車券+
指定席グリーン特急券

1号車が1+1列配置のプレミアムグリーン車、5〜8号車に2+1列配置のグリーン車が設定されている。2〜3号車はグリーン個室だが、1人利用も可。

秋田内陸縦貫鉄道

笑EMI

運転区間:鷹巣〜角館
おすすめシートタイプ:カウンター席
乗車方法:乗車券+急行券

おもに秋田内陸縦貫鉄道線内の急行「もりよし」などで使用される観光用車両。車内には沿線の風景が堪能できる窓向きのカウンター席も設けられている。

見どころのひとつ白田切川橋梁では徐行運転が取り入れられ車窓美を堪能。徐行の効果を実感できた
写真提供／えちごトキめき鉄道

※運行ダイヤおよび料理メニュー等は2021年取材時のものです。

えちご トキめき リゾート 雪月花 の旅

えちごトキめき鉄道の看板列車「えちごトキめきリゾート雪月花」。トキ鉄開業のおよそ１年後の２０１６年４月に運行開始、ハイセンスな車両と美食のコラボレーションで高い人気を誇る。カウンター席もありひとり旅に最適な列車に迫る。取材・文●植村誠

新車で実現した 濃密な2両編成グループ、 ひとり旅への対応も

赤い車体が午前の陽射しを受けながら鉄路に姿を現わした。ホームに集う人々から一斉に視線とカメラが向けられる。

えちごトキめき鉄道（トキ鉄）・上越妙高駅である。

やってきたのはトキ鉄が誇る観光列車「えちごトキめきリゾート雪月花」。銀朱色と名づけられた赤いボディの2両編成。天井の曲線部分にまで及ぶ超大型窓が車体の多くを占めるデザインは、目の前にすると想像以上のインパクトがある。車両は完全な新車であり、列車にかける格別の意気込みが伝わってくる。

ラウンジ風の1号車は、全ての席が大きな窓に向いており、景色を楽しみながらのひとり旅に最適

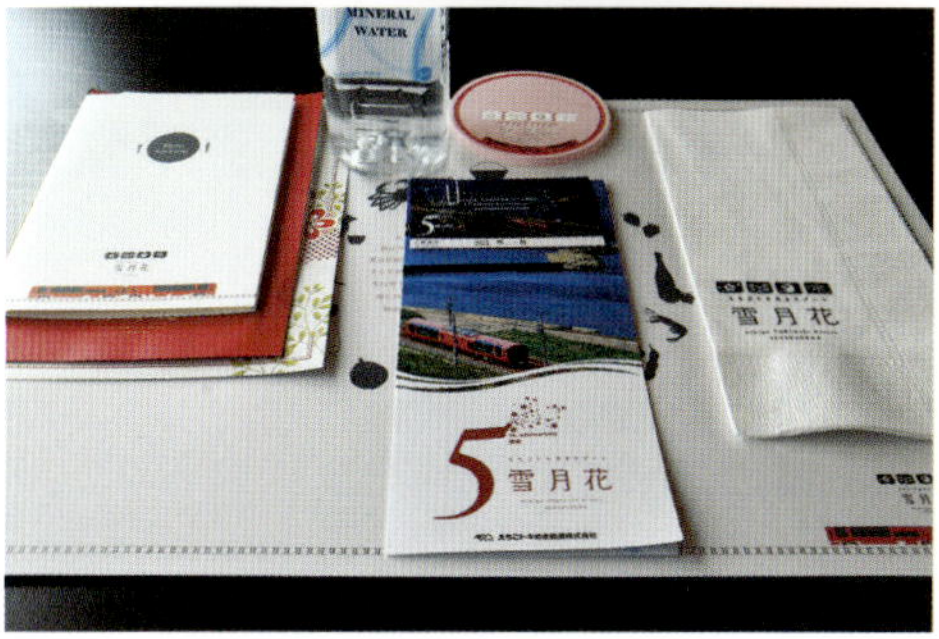

上／アテンダントの細やかな心遣いが印象に残った 下／オリジナルコースターと箸置きは記念みやげに

上越妙高駅改札口では検温も

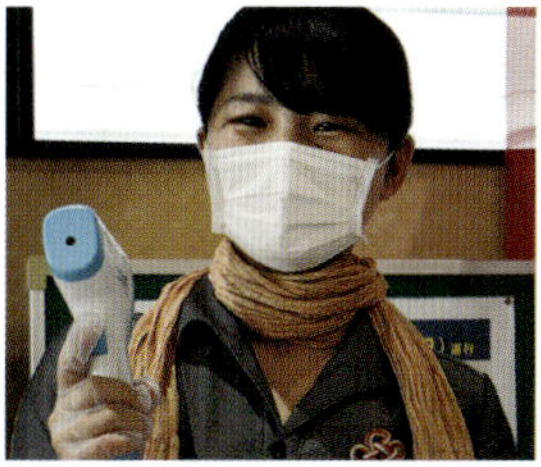

旅の始まりは上越妙高

乗車口前では笑顔のアテンダントが乗客を出迎えるなか、ほとんどの人は乗車前の記念撮影に夢中だ。人気列車らしいひとコマだが、ほどなく混乱する様子もなく乗客たちが車内へと誘われてゆく。「雪月花」2両編成の設計定員はわずか45名、各テーブルごとの相席をさせないコンセプトもひとり旅にはありがたい。コロナ禍による減席もありこの日は29名で「満席」。落ち着きと余裕のある車内空間と旅を演出しているのである。

リザーブされていた2号車は4・2人のテーブル席が設えられ、運転席後方は展望ハイデッキの特別席となっている。調度や席配置の余裕度の高さがラグジュアリーな印象だ。後位には「さくらラウンジ」を設け、車内サービスの拠

スイッチバックの二本木で運転停車

二本木駅のスイッチバックシーンを1号車展望ハイデッキで

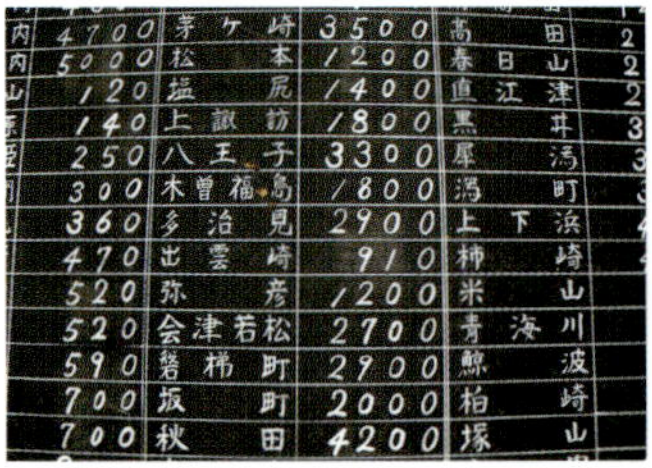

右／二本木駅構内に残るランプ小屋。蒸機時代の火災対策で赤レンガを採用
左／二本木駅掲示板の裏に残されていた1979年当時の運賃表

点となっている。1号車はベンチシートなどからなるカジュアルな雰囲気で、ひとり旅にも利用しやすい。運転席後方はフリースペースの展望ハイデッキで、レールファンらしいひとり旅の男性が、熱心にカメラを向けていた。

10時19分、定刻に上越妙高駅を発車。「雪月花」は午前・午後便が運行され、私が乗っている午前便は妙高高原駅までを往復したのち、直江津経由で糸魚川を目指す。上越妙高が始発なのは新幹線との乗継ぎをはかったためだが、上越妙高～妙高高原間を往復することによって全線で97㎞にすぎないトキ鉄の旅に余裕を持たせているようだ。

列車はスイッチバック駅で知られる二本木で観光停車が組まれ、

妙高高原で折り返し

妙高高原駅ではしなの鉄道の車両と顔合わせ。「雪月花」はこの駅からの乗車にも対応している(要予約)

地元の旬にこだわった、沿線の老舗や人気店による食事を提供。午前便はフレンチまたは和洋中、午後便は和食が味わえる(写真は午前便)

構内用水路にはニシキゴイの姿も。折り返し時間を使いインスタ映えのワンショットを狙う?

アテンダントが乗客とともに歩きながら駅舎や歴史、スイッチバックなどを解説してゆく。

車内に戻ると三段重の食事が届いていた。午前便はフレンチ、午後便は和食。いずれも新潟県出身の匠が上質なレシピをつくりあげている。

すでにお酒を味わっているグループもあり、「雪月花」ムードが高まるなか、列車は妙高の山並を眺めながら北上。絶景ポイントのひとつ白田切川橋梁では案内放送とともに徐行サービスで展望を楽しんだ。

車窓美と豪華弁当を満喫 テツ的観光停車も好評だ

妙高高原からの復路を生かし料理を賞味。フレンチでありながら

直江津から日本海ひすいラインへ

有間川漁港を背景に糸魚川を目指す「雪月花」。直江津を境に妙高山麓から一気に日本海沿岸へ…。長い路線ではないが、車窓の劇的な変化もトキ鉄の持ち味　写真提供／えちごトキめき鉄道

中／京都からやってきたご夫妻は「雪月花」リピーター。奥さまのバースデープレゼントにこの旅を選んだ。2号車2人席は景色を楽しみやすいように座席が工夫されている　左／スイーツ＆コーヒーも抜群！

直江津駅では駅弁立売りも（2024年12月現在休止中）

和風を思わせる見た目とのギャップも新鮮で、くびき牛やポーク、かんずりなど地の素材を盛り込んだ料理のひとつひとつが美味しい。

ゆったりとした食事を終え、直江津での小休止を挟んだ「雪月花」は日本海ひすいラインへと進んでゆく。ひとつ目の谷浜駅の手前で早くも日本海を望み、車内に小さな歓声が上がった。つぎの有間川付近まで過度の開発にさらされないままの海岸線が続く。有間川を過ぎるとトンネル区間となり、名立駅通過とともにトキ鉄最長の頸城トンネル（1万1353m）に突入。車窓は遮られるものの、柔らかな車内灯と調度とが夜汽車の雰囲気を醸し心地いい。ほどなく列車はトンネル内に位置する筒石駅で10分間の観光停車となった。地

トンネル駅の筒石で観光停車

鉄道好きには有名な筒石駅だが、立派な観光資源になっている。通常は日中便のみの「雪月花」。トンネル内では夜汽車の雰囲気も味わえる。夜行運転を思い描くファンも少なくないかもしれない

筒石駅停車中に散策を楽しむ。湿度が高くひんやりとした坑内は、ちょっとした異空間

通常プラン（お食事付）

通常プラン（お食事付）……………………………24,800円（税込）

特別地域貢献プラン（お食事・お土産付）………29,800円（税込）

※2024年12月時点。ほか、季節特別運行便などが設定される場合もある

予約：インターネット予約のみ（https://www.echigo-tokimeki.co.jp/setsugekka/index.html）

（問い合わせ：025-543-8988 平日10～15時）

糸魚川に到着

右／糸魚川駅構内に設けられたジオパルには国鉄時代を含む資料が満載。「トワイライトエクスプレス」のモックアップも

左／午前便乗車後は、国鉄形電車413・455系の「観光急行」に乗車して直江津に戻るのがおすすめ

上の駅舎に至る280段の階段を完登する時間はないものの、その途中で記念撮影を楽しむ人も多い。

断続するトンネルは浦本駅の手前で途切れ、列車は糸魚川市街地へと進んでゆく。梶屋敷の先でデッドセクションを越えるとえちご押上ひすい海岸駅を通過。この今年3月に開業したトキ鉄唯一の新駅をすぎ、13時16分に「雪月花」は糸魚川駅に到着した。

えちごトキめきリゾート雪月花 MAP

＼究極のおひとり様列車／「サンライズ出雲・瀬戸」の旅

文・イラスト◉やすこーん

東京から高松、出雲市へと走る寝台特急「サンライズ出雲・瀬戸」。その個室寝台は、完全なひとりきり空間を約束してくれる。まさに究極のひとり旅列車である「サンライズ出雲・瀬戸」の魅力を見てみよう

寝ている間に高松や出雲市へ深夜を走る動くホテル

寝台特急「サンライズ」は、「サンライズ瀬戸」・「サンライズ出雲」が正式名称。瀬戸内海を渡って香川県・高松駅まで行く「瀬戸」7両と、島根県・出雲市駅行きの「出雲」7両の、計14両編成で東京駅を発着しています。唯一、毎日1往復定期運行されている寝台列車です。

ノビノビ座席以外は全て個室で、ひとり旅でも利用しやすいため、特に女性に人気があります。夜、東京駅を出発して、寝ている間に目的地に着く、まさに〝動くホテル〟です。

私は今までに20回乗車しましたが、初めの頃は寝るのがもったいなくて、全然寝られませんでした。1番多く利用したのは海側の2階個室、B寝台シングル。最近気に入っているのはシングルツインの1人利用です。

東京から下りに乗車する時はたいてい終着駅まで行きますが、帰りに乗車する際は、上りしか停車しない大阪駅から、寝るだけだから……とよくノビノビ座席を利用していました。目的に合わせて部屋が選べるのも魅力的です。

乗車券と特急券は、どの部屋を利用しても料金は同じですが、寝台券は、部屋のグレードによって値段が変わってきます。ただし、ノビノビ座席だけは、寝台券が必要ありません。また、乗車券は通常のきっぷと同様、距離によって値段が変わります。

「サンライズ瀬戸・出雲」の運行地図

東京～岡山間は「瀬戸」と「出雲」が連結して走行。
岡山で切離し・連結を行うことになります

「サンライズ出雲・瀬戸」の編成

←出雲市・高松　　東京 →

1・8号車(禁煙).	2・9号車(禁煙).	3・10号車(禁煙)	4・11号車(禁煙)	5・12号車(禁煙)	6・13号車(喫煙)	7・14号車(禁煙)
B1 シングル B1 シングルツイン	B1 シングル B1 シングルツイン	B1 ソロ ラウンジ/共用シャワールーム	A1 シングルデラックス B2 サンライズツイン	ノビノビ座席	B1 シングル B1 シングルツイン	B1 シングル B1 シングルツイン

B1＝B 寝台1人利用個室　B2＝B 寝台2人利用個室　A1＝A 寝台1人利用個室
＊1～7号車が瀬戸、8～14号車が出雲　＊6・13号車と4・11号車個室の半数が喫煙可能

駆動車やモーター車の車両は多少音が大きいです。

また、2階の方が1階よりも揺れます。車両の端の部屋は車輪の上なので、振動が伝わってきやすいです。

それをふまえて部屋を決めるといいですよ

「サンライズ出雲・瀬戸」
個室寝台図鑑

B寝台1人用個室　シングル

寝台料金

7,700円

サンライズの個室で最も数が多いのがシングル。出雲と瀬戸、各80室あります。私も初めて泊まったのがこの個室でした。おすすめは海側の2階。通常の列車より高い位置から景色を見ることができます。窓が湾曲しているので、寝ながら月を眺めたりも。特に冬、サンライズ瀬戸が瀬戸大橋を渡る時に見える、瀬戸内海の朝焼けは見事です。揺れるのが苦手という方には、1階がおすすめです。ただし1階は窓の高さとホームの高さがちょうど同じなので、ほぼ眺望は望めません。また、シェードを開けっぱなしで寝ると、外から丸見えなのでお気をつけください。シェードを閉めると真っ暗になりますが、十分な明かりがあるので問題はありません。電灯は窓の両側に2か所。片方だけ消すこともできます。

A寝台1人用個室　シングルデラックス

寝台料金

13,980円

シングルデラックスはサンライズ出雲・瀬戸で１番グレードが高い個室です。部屋はゆうゆうと歩ける天井高で、床面積もベッド幅も最も広く、大型デスクや可動式の椅子、お湯も出る洗面台、大きな鏡も装備されています。まさにホテルそのもの。室内にシャワーこそありませんが、A寝台にはアメニティセットとシャワーカードが最初から付いてきます。出雲と瀬戸、各６室が全て２階にあるので眺望もいいですよ。シングルとの寝台料金の差は6000円ほどで、ゆったりと過ごしてみたいという方はぜひ。ただし人気があるので、発売してすぐに売り切れることも多いです。

B寝台1〜2人用個室　シングルツイン

寝台料金

9,600円

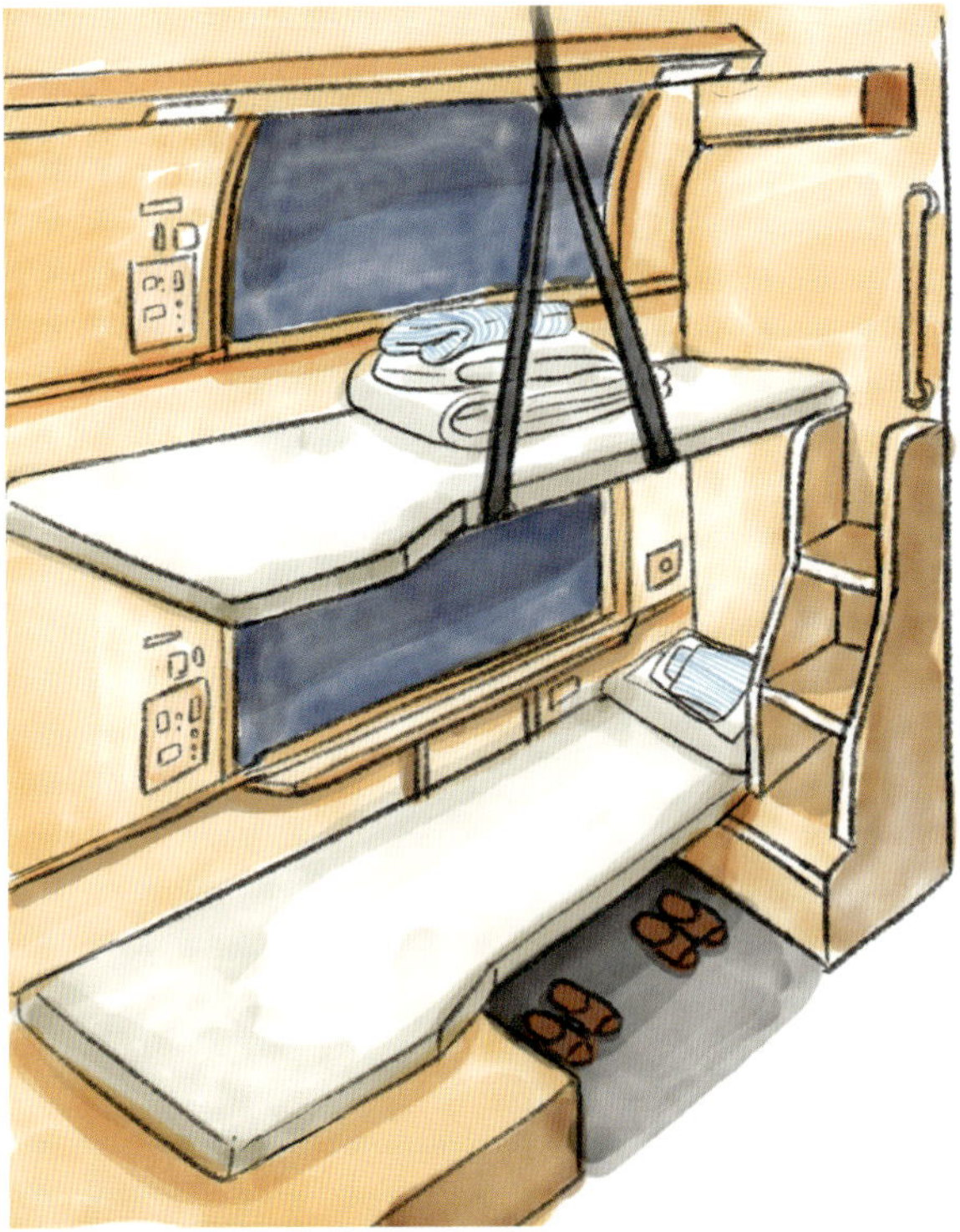

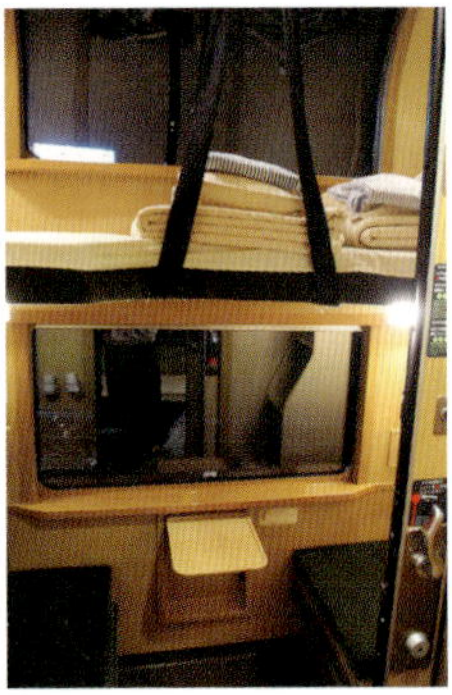

シングルツインは私が大好きな個室。2段ベッドになっている部屋で、2人で使用できますが、これを1人で使う贅沢にはまっています。天井が高く窓が2か所あるので、開放感も最高です。私はいつも1階のベッドをソファに変えて、リビング仕様にして過ごしています。2階のベッドは、必要なければ上にたたんで、更に天井を高くすることもできます。また、天井近くに物入れがあります。2階ベッドから入れる形になるので、スーツケースなど重いものは難しいかも。軽くてかさばるもの、冬のダウンコートなどを入れるのにちょうどよいです。ハンガー、スリッパ、パジャマ、毛布類、コップは1人利用でも2人分置かれています。

「サンライズ出雲・瀬戸」
個室寝台図鑑

B寝台1人用個室　ソロ

寝台料金

6,600円

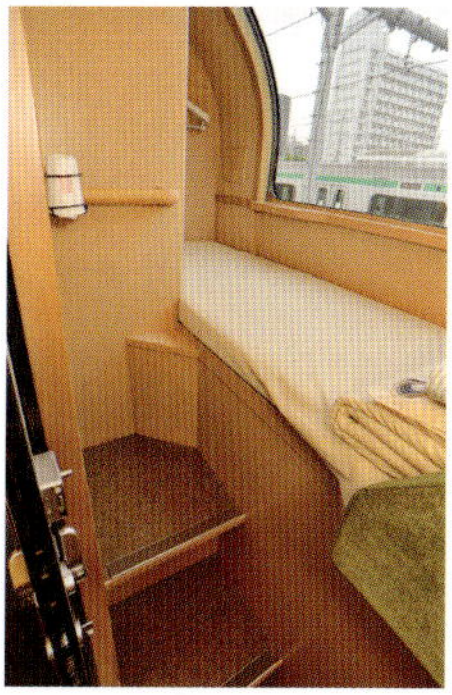

　ソロはシングルより約1000円ほど寝台料金が安い個室。ただしシングルより天井高が低く、部屋はほぼベッドです。鍵付きの個室で1番安く移動したいという方にはおすすめです。瀬戸、出雲、それぞれ20室ずつあります。シングルと違い、部屋の入り口は、1階も2階も同じフロアで隣り合っています。部屋の中を見ると、1階ソロベッド上の壁の向こうには2階の個室が、2階ソロは階段下が1階の個室、というつくりになっています。

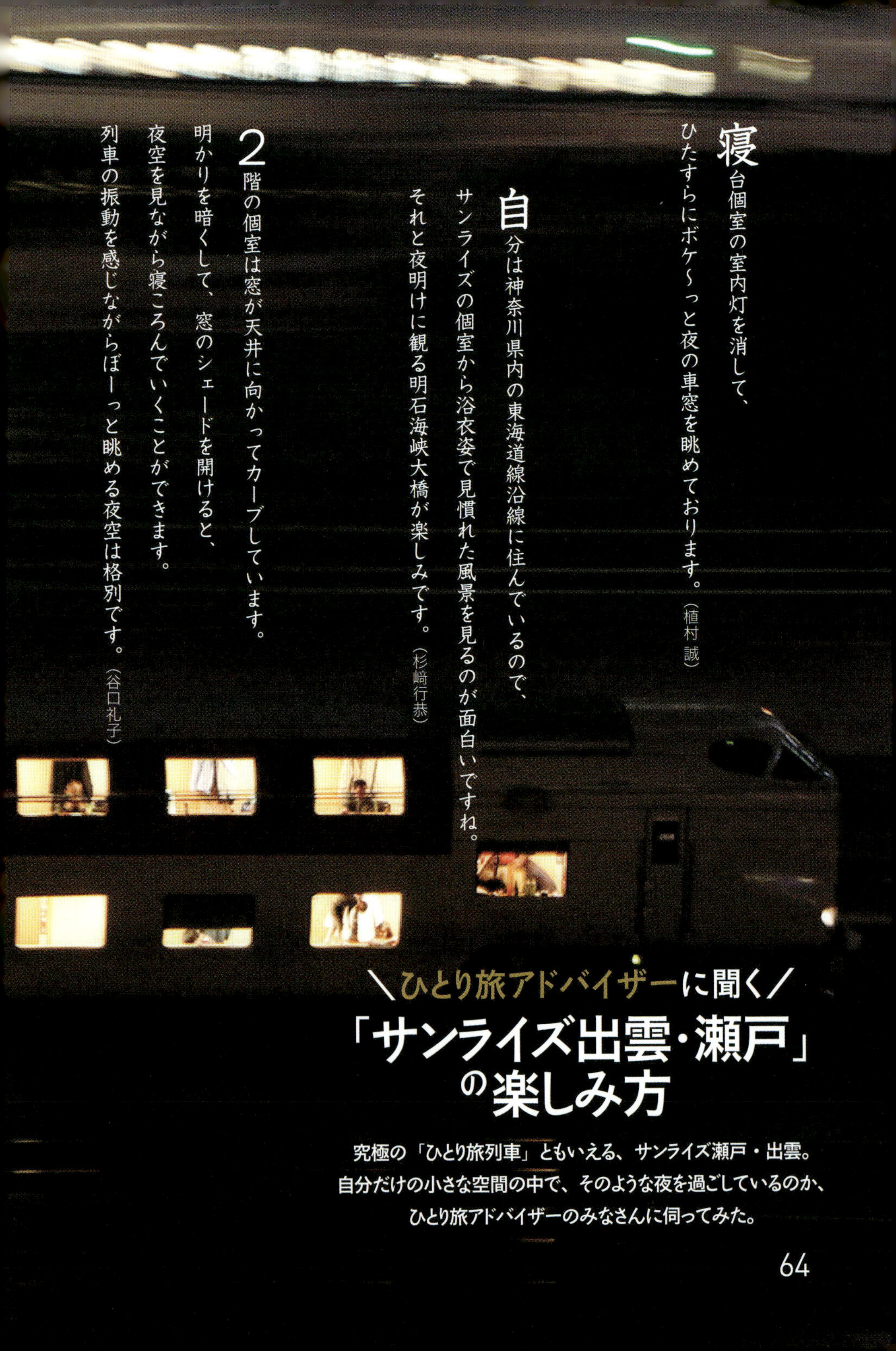

＼ひとり旅アドバイザーに聞く／

「サンライズ出雲・瀬戸」の楽しみ方

究極の「ひとり旅列車」ともいえる、サンライズ瀬戸・出雲。
自分だけの小さな空間の中で、そのような夜を過ごしているのか、
ひとり旅アドバイザーのみなさんに伺ってみた。

寝台個室の室内灯を消して、
ひたすらにボケ〜っと夜の車窓を眺めております。（植村 誠）

自分は神奈川県内の東海道線沿線に住んでいるので、
サンライズの個室から浴衣姿で見慣れた風景を見るのが面白いですね。
それと夜明けに観る明石海峡大橋が楽しみです。（杉﨑行恭）

2階の個室は窓が天井に向かってカーブしています。
明かりを暗くして、窓のシェードを開けると、
夜空を見ながら寝ころんでいくことができます。
列車の振動を感じながらぼーっと眺める夜空は格別です。（谷口礼子）

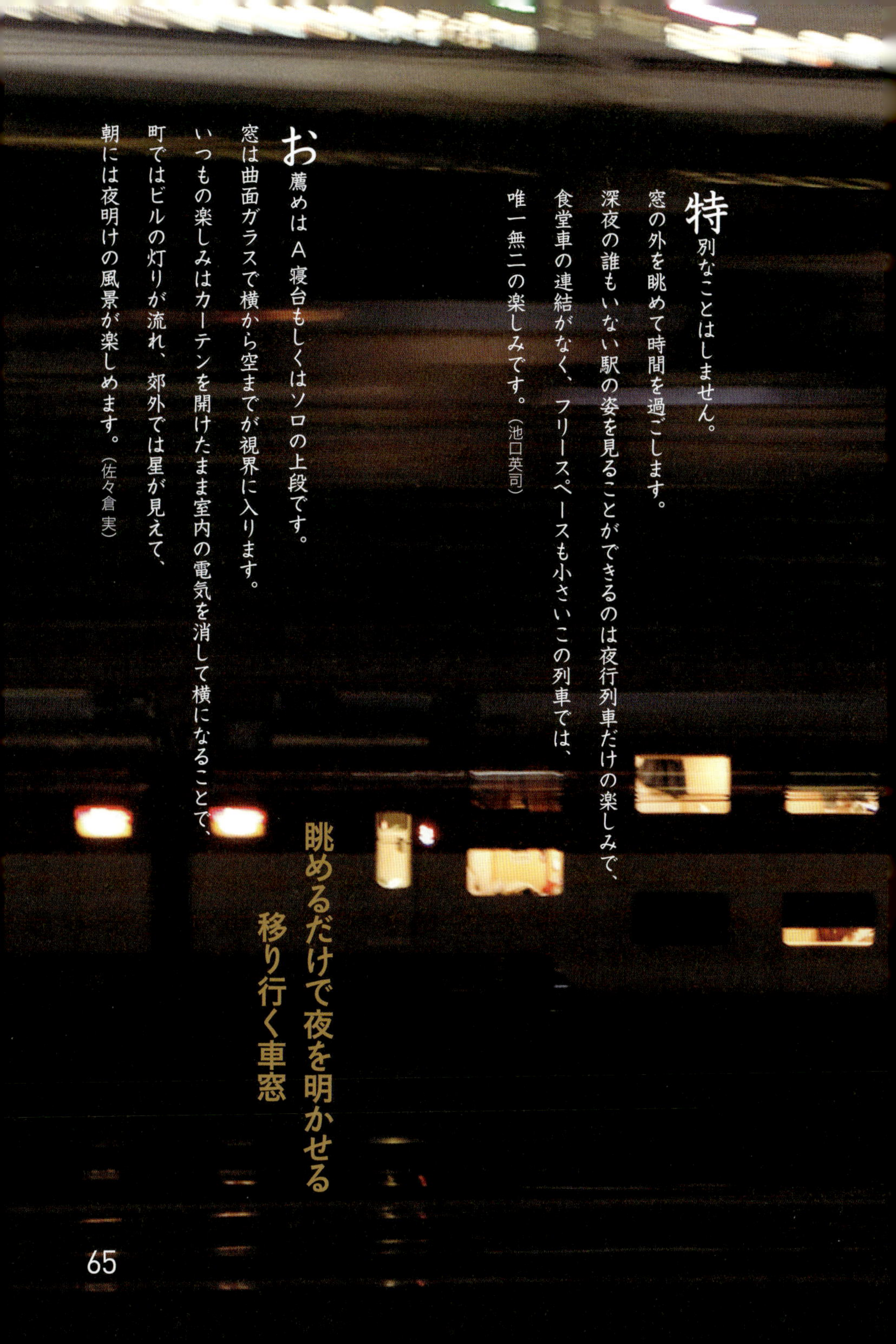

眺めるだけで夜を明かせる 移り行く車窓

特別なことはしません。窓の外を眺めて時間を過ごします。深夜の誰もいない駅の姿を見ることができるのは夜行列車だけの楽しみで、食堂車の連結がなく、フリースペースも小さいこの列車では、唯一無二の楽しみです。（池口英司）

お薦めはＡ寝台もしくはソロの上段です。窓は曲面ガラスで横から空までが視界に入ります。いつもの楽しみはカーテンを開けたまま室内の電気を消して横になることで、町ではビルの灯りが流れ、郊外では星が見えて、朝には夜明けの風景が楽しめます。（佐々倉 実）

ホテル気分で特別な一夜を

写真／オオゼキタク

個室のライトを消し、夜景を肴に晩酌を楽しむ。都会のネオンや集落の明かりを眺めながら飲む酒は格別で、鉄道旅行における至福の時間である。寝ている場合ではない。（谷崎 竜）

サンライズ出雲は都内への帰路で利用しました。駅の売店でこれでもかと酒&おつまみを買い込み、早めにシャワーを済ませます。旅を回想しながら夜景をつまみに呑む。眠くなったらそのまま横になれる……最高です！（オオゼキタク）

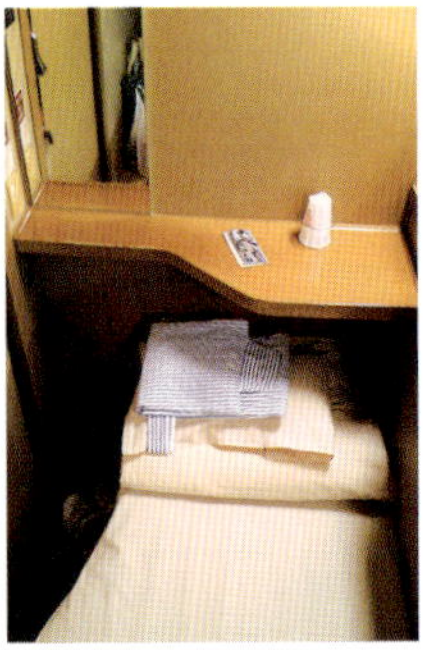

もちろん夜は部屋の照明を消して星空を肴に、晩酌をして過ごします。長時間の滞在ですので、晩酌用ビールや朝食のサンドイッチ、ヨーグルトは保冷剤を入れた保冷バッグにイン。キャンプさながらに移り変わる空を眺めながら、食事も楽しんでいます。（川瀬ホシナ）

大阪～東京間の移動手段として利用。上り列車は大阪発0時34分。シャワールームはシャンプー、石鹸が備え付けで、ドライヤーも使える。明け方にはミニサロンから富士山を眺める。山が冠雪する**5月位までがお勧め。**（牧野和人）

写真／佐々倉実

自分だけの秘密基地に興奮を覚え、なかなか寝付けない時間を過ごします。
こうしたときは消灯した室内でブラインドを全開にし、
過ぎてく景色に見える家々の明かりをぼんやりと眺めることが多いです。（蜂谷あす美）

夜を駆けていくサンライズ。
私のお勧めはだんだんと夜が更けていく街を見ながら、ただラジオを聴くことです。
一度、ちょうどGOING STEADYさんの銀河鉄道の夜が流れてきました。
みしらぬ町の夜と素敵な音楽、最高だったな…。（伊藤 桃）

各グレードの個室に乗ってみたが、
いちばん狭いソロでもやはり個室は落ち着く。
夜はビールを飲みながら、
というのが定番だが、
夜が明けてからの車窓も
ひとりでじっくり楽しめるのがいい。（木村嘉男）

閉ざされた空間で
非日常を味わう

並走する通勤電車を眺めながらの晩酌。
ある晩は東京駅で別れた友人は新幹線、私はサンライズで出発。
追い抜く新幹線の車窓に友人の横顔が見えた時は、
ほろ酔いも手伝って
物語の中にいるような感動がありました。（米山真人）

＼サンライズ出雲・瀬戸／と

あわせて乗りたいローカル線

車内で究極のひとり時間を堪能した後は、朝からたっぷりローカル鉄道の旅を楽しみたい。

サンライズ出雲・瀬戸の停車駅から接続するオススメローカル線を紹介する。

山陰本線

接続駅　米子、出雲市ほか

中国エリアの山陰本線は、日本海や里山の風情あふれる景色が多く、ひとり汽車にゆられて車窓を楽しむのもおすすめ。サンライズ出雲自体が山陰本線経由で走っているが、普通・快速列車との接続は待ち時間が20～30分程度と比較的少ない米子や出雲市駅がおすすめ。

木次線

接続駅　宍道

島根県の宍道から広島県の備後落合を結ぶ路線。車窓には奥出雲の自然が広がり、レトロな木造駅舎や、三井野原間～出雲坂根の三段式スイッチバックなど鉄道ファン的見どころも充実している。接続に1時間半ほどの間が空き、復路の本数も少ないため下調べが必須。

一畑電車

接続駅　出雲市

出雲大社や宍道湖方面へ延びる島根県のローカル私鉄。田園地帯や宍道湖畔を駆け、のどかな車窓を楽しめる。映画『RAILWAYS』の舞台にもなった。また、かつて京王線や東急線を走っていた車両が活躍しているのにも注目だ。

身延線

接続駅　富士

上りのサンライズでは、富士駅で身延線の始発と接続が可能。山梨方面へのアクセスに便利で、沿線には浅間大社や久遠寺などの寺社や温泉地なども点在。また、車窓からは見えつ隠れつする富士山の姿も楽しめる。

高松琴平電気鉄道

接続駅　高松

“ことでん”の愛称で親しまれ、高松市を中心に3つの路線を展開。サンライズ瀬戸の終点、高松駅から徒歩5分ほどの高松築港駅よりことでん琴平線に乗り換えることができる。レトロな車両やかわいらしい駅舎を楽しみながら、金比羅もうでもおすすめ。

ひとりで乗りたい夜行列車

現在、定期運行する夜行列車は「サンライズ出雲・瀬戸」のみだが、一部の鉄道会社ではシーズンごとや不定期にイベント列車・観光列車として夜行列車を走らせている。おひとり様向けの座席設定も多く、静かな夜のひとり旅におすすめだ。

JR西日本

WEST EXPRESS銀河

区間：京都～出雲市、大阪～下関、京都～新宮
運行時期：ルートによって異なる

西日本エリアを走る夜行特急列車。京都～出雲市を結ぶ山陰ルート、大阪～下関を結ぶ山陽ルート、京都～新宮を結ぶ南紀ルートで運行される。リクライニングシートやノビノビ座席のほか、グリーン席やグリーン個室があり、女性専用席の設定も。旅行商品限定だったが、2023年2月にはネット予約での一般販売もスタートした。

東武鉄道

尾瀬夜行・スノーパル

区間：浅草～会津高原尾瀬口
運行時期：5月末～10月頃（尾瀬夜行）、1～3月頃（スノーパル）

東武鉄道では毎年夏季と冬季に浅草から会津鉄道の会津高原尾瀬口を結ぶ臨時夜行列車を運行。「尾瀬夜行」は尾瀬のハイキングシーズンである5月末～10月頃に、スキー客向けの「スノーパル」は1月～3月頃に運行される。どちらも東武500系リバティ車両が使われ、2022年度には2席をひとりで利用できるプランも登場した。終点からはハイキングエリアやスキー場への専用連絡バスに接続する。

えちごトキめき鉄道

夜行列車体験号

区間：直江津～妙高高原～
　　　直江津～市振～妙高高原
運行時期：不定期

えちごトキめき鉄道で不定期に運行される夜行列車。直江津を起点に、妙高はねうまライン（直江津～妙高高原）と日本海ひすいライン（直江津～市振）の全線を一晩かけて走破する。2023年2月に開催された第8回では、ET122系3両編成で運行され、テーブル付きのボックス席のほか、一般車両のボックス席やロングシート、ソロ席などの座席も発売。いずれの座席もひとりでの利用も可能となっていた。

秩父鉄道

夜行急行

区間：秩父鉄道全線
運行時期：不定期

秩父鉄道では近年、昭和の夜行急行の旅を再現するツアーを開催。夜通し熊谷～三峰口間を行ったり来たりで走り、懐かしの鉄道風景を体験できる。ELが牽引する12系客車のほか、ボックスシートの秩父鉄道6000系で運行されたことも。ツアーでは撮影会や夜鳴きそば店の営業なども行われる。2022年秋のツアーでは、ルートが延長され、過去最長の11時間43分の長時間運行が行われた。

鉄道ひとり旅の可能性を広げる

フェリーのススメ

海の向こうの駅へ、終着駅のその先へ――。
使い方によっては鉄道より安かったり、効率よく旅ができるフェリー。
鉄道とフェリーの組み合わせでより充実したひとり旅を楽しもう。

鉄道連絡船気分を味わう

現在、国内に鉄道会社が運営する鉄道連絡船は残っていないが、宇和島運輸フェリーや南海フェリーなど、海に隔たれた路線のバイパスとして機能している航路もある。駅から船で次なる駅へ、鉄道連絡船気分を味わおう。

夜行列車感覚で時間を有効活用

中〜長距離フェリーには夜発便も多く、夜行列車のように移動を楽しみながら一日を有効に使える。特に夜に出発し、翌早朝着の便なら到着地での活動時間を長く取れるのでうまく活用したい。

青春18きっぷとの併用もおすすめ

新幹線を使わずに青函フェリーで青森〜函館間を移動したり、本州〜四国〜九州と鉄道と船を乗り継ぎながら旅をしたり。青春18きっぷとフェリーを組み合わせて、列島を横断するダイナミックな旅程を組むのも楽しい。

個室をホテル代わりに活用もあり

長距離フェリーには、ホテルのような個室や大浴場などの充実した設備を備えた便が多い。移動手段兼、宿として優雅な船旅を楽しもう。

＼鉄道旅人にも好相性／

おすすめフェリー航路

青森 ~ 函館

青函フェリー

鉄道アクセス
青森港：JR青森駅から青森市営バス「新田」下車徒歩15分、
またはタクシー約10分
函館港：JR函館駅からタクシー約10分

青森港〜函館港を結ぶフェリー。旅客定員は少なめだが運賃は繁忙期でも2700円とリーズナブル。日中は青森駅からバスのほか、青森駅・新青森駅や函館駅などから定額タクシー「青函フェリーdeお気軽タクシー」が利用できる。

鉄道連絡船気分を楽しむ！

短〜中距離
フェリー

青森 ~ 函館

津軽海峡フェリー

鉄道アクセス
青森港：JR青森駅から青森市営バス「新田」下車徒歩15分、
またはタクシー約10分
函館港：JR函館駅からシャトルバスで約30分、
またはタクシー約10分

こちらも青森港と函館港を結ぶフェリー。カーペット席以外にも、海を眺められるビューシートやバス・トイレ付き個室なども備える。各港へは路線バスのほか、定額タクシーの利用も可能。また、函館港へは函館駅前などからシャトルバスを運行している。

金谷 ~ 久里浜

東京湾フェリー

鉄道アクセス
金谷港：JR浜金谷駅から徒歩約10分
久里浜港：京急久里浜駅から京急バス「東京湾フェリー」下車

千葉県の金谷港と神奈川県の久里浜港を約40分で結ぶ。金谷港は内房線の浜金谷駅から徒歩約10分、久里浜港も京急久里浜駅からバス10分ほどと鉄道駅とのアクセス良好。いつもの鉄道旅にちょっと変化をつけたい、フェリー入門におすすめの航路だ。

和歌山～徳島

南海フェリー

鉄道アクセス
徳島港：JR徳島駅から徳島市営バス
「南海フェリー前」下車、
またはタクシー約15分
和歌山港：南海電鉄和歌山港駅からすぐ

徳島～和歌山港を約2時間強で結ぶフェリー。四国～関西エリア間のアクセスに便利な航路だ。和歌山港は南海電鉄の和歌山港駅と隣接しており、フェリーの乗船券と南海電鉄の乗車券がセットになったお得なきっぷも販売している。

宮島口～宮島

JR西日本宮島フェリー

鉄道アクセス
宮島口：JR宮島口駅から徒歩約6分、
広島電鉄宮島口駅から徒歩約3分

宮島口～宮島を結ぶフェリー。海に隔たれた鉄道路線を結ぶわけではないが、青春18きっぷで乗れる唯一のフェリーである。日中には、厳島神社の大鳥居に接近する「大鳥居便」も運行されており、宮島観光のアトラクションとしてもおすすめ。

三津浜～柳井

防予フェリー

鉄道アクセス
三津浜港：伊予鉄道三津駅から徒歩約15分
柳井港：JR柳井駅から徒歩約5分

山口県の柳井港と愛媛県の三津浜港を1時間半ほどで結ぶフェリー。どちらの港も鉄道駅から徒歩圏内で、本州と四国を結ぶ鉄道連絡船気分が味わえる。また、一部便は周防大島にある伊保田港にも発着する。

八幡浜～別府・白杵

宇和島運輸フェリー

鉄道アクセス
八幡浜港：JR八幡浜駅から宇和島自動車・
　　　　　伊予鉄道バス「八幡浜港」下車
別府港：JR別府駅から大分交通バス「別府交通センター」下車

愛媛県の八幡浜港と大分の別府港・白杵港を3時間ほどで結ぶフェリー。船内設備が充実しており短時間の航路でも充実した船旅を体験できる。八幡浜港や別府港へは八幡浜駅や別府駅から路線バスの利用が可能。

大洗 ~ 苫小牧西

商船三井フェリー

鉄道アクセス
大洗港：JR水戸駅から茨城交通バス「大洗港フェリーターミナル」下車、
または鹿島臨海鉄道大洗駅より徒歩約30分
苫小牧西港：JR苫小牧駅から道南バス
「苫小牧西港フェリーターミナル」下車

大洗港～苫小牧西港を約18時間かけて航行するフェリー。長距離便だけに多彩な客室や大浴場など船内の設備も充実。夕方発の便では船内レストランで夕食・朝食バイキングを楽しめる。各港へは苫小牧・水戸駅からバスのほか、大洗駅から徒歩でのアクセスも可能。

敦賀 ~ 苫小牧東

新日本海フェリー

鉄道アクセス
敦賀港：JR敦賀駅から福井鉄道バス
「敦賀フェリーターミナル」下車
苫小牧東港：JR南千歳駅から道南バス
「苫小牧東港フェリーターミナル」下車

敦賀港～苫小牧東港を約20時間強で結ぶ航路。23時台に出発し、翌20時台に目的地に着くので丸一日を移動に充てる形で前後の予定を組みやすい。本格的なコース料理を楽しめるグリルや、サウナ・露店風呂などを備え船内時間も充実して過ごせる。

大阪南 ~ 新門司

名門大洋フェリー

鉄道アクセス
大阪南港:大阪メトロ(南海ポートタウン線)
　　　　　フェリーターミナル駅から徒歩約3分
新門司港:JR門司駅・小倉駅から無料送迎バス

大阪南港〜新門司港を約半日で結ぶ夜行フェリー。往復各2便が運航され、いずれも夜に出発し翌朝に目的地に到着するので効率よく移動できる。夜の瀬戸内海を航行し、特にライトアップされた明石海峡大橋をくぐる瞬間は必見。

横須賀〜新門司

東京九州フェリー

鉄道アクセス
大阪南港:京急横須賀中央駅より徒歩約15分
新門司港:JR門司駅・小倉駅から無料送迎バス

横須賀港〜新門司港を約21時間で結ぶフェリー。日付が変わる頃に出発し、翌21時頃に到着する。スクリーンルームやスポーツルームなど船内のアクティビティが多彩で、一日近い船旅も満喫できる。

column 2

ひとり旅におすすめシート

ひとりで気ままに過ごせる、ひとり旅人向けのおすすめシートをご紹介

ソロ席

特急列車などには1+2列配置などひとり席が設けられている列車もある。空いているならばまずはこちらを狙いたいところ。また、最近は一部観光列車などに1人で2人席を使える設定を用意している場合もある。(写真／牧野和人)

カウンター席

観光列車に多いカウンタータイプの座席。眺望のいい方向に向けて設置されていることが多く、パノラマビューが楽しめる。席間も適度に設けられているのでひとりでも気兼ねなく過ごせる。(写真／佐々倉 実)

ロングシート

クロスシート、特に向かい合って座るボックスシートの場合、知らない人と狭い空間で隣りあったり向きあったりでなんとなく居心地が悪いことも……。フラッと降りたり、長時間乗車で疲れた時も気軽に移動できるので、気楽さを求めるならロングシートもおすすめ。

第3章

ひとりで眺めたい絶景

ぼーっと車窓を眺める時間もひとり旅のだいご味。
ひとりで静かに眺めたい絶景車窓や
絶景が見られる路線・列車をご紹介

ひとり静かに眺めたい絶景車窓

車窓を流れる景色に没頭できるのも、
ひとり旅のだいご味の一つ。
窓辺に座って
ひとり静かに眺めていたい
絶景車窓を紹介しよう

釧網本線　北浜～知床斜里

オホーツク海に沿って走る区間で、夏には原生花園の花々、冬には流氷を眺めて旅をすることができます。特に冬の止別～知床斜里間は、道路が雪で埋まり列車からしか見られない雄大な風景が続きます。（佐々倉 実）

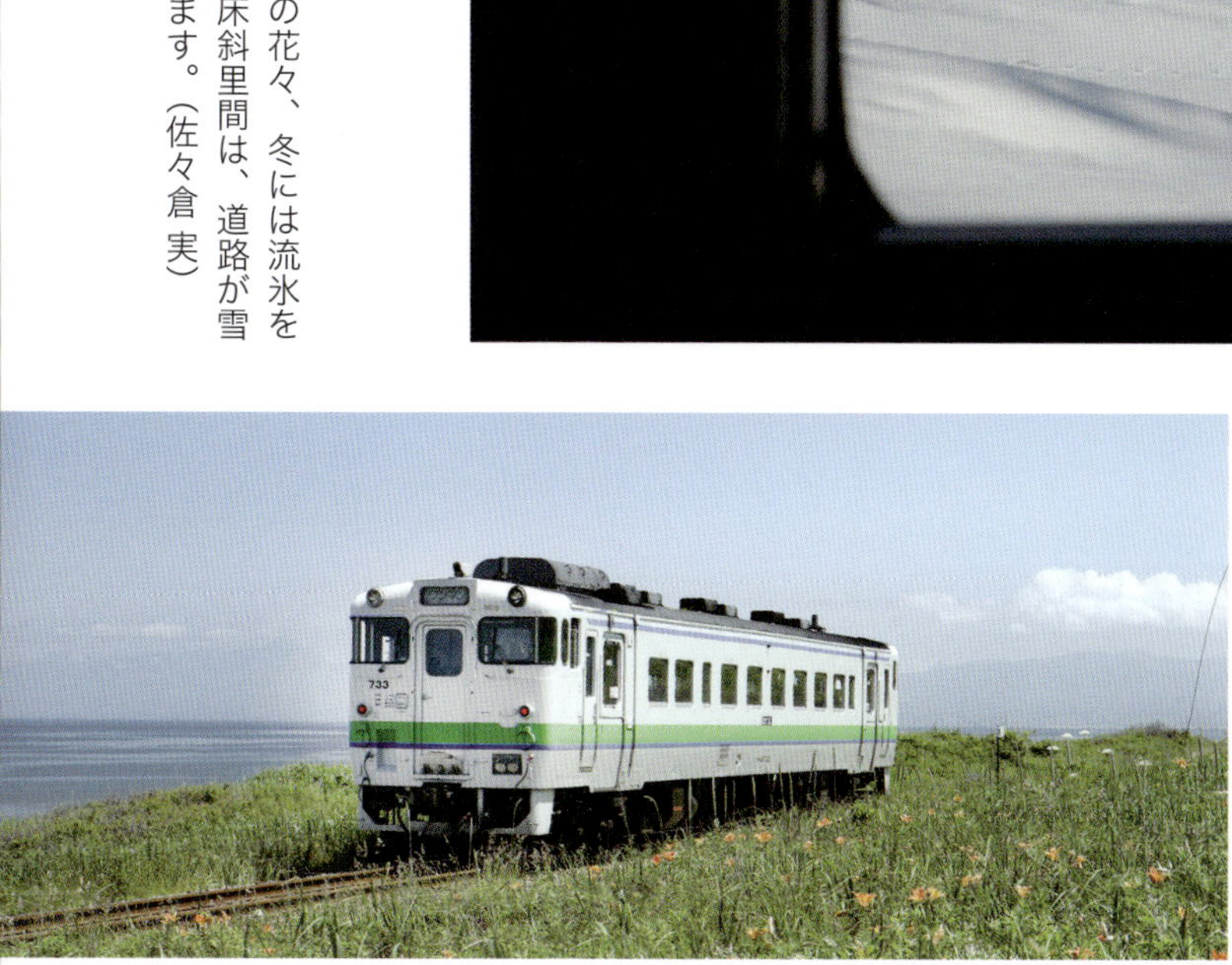

（写真／佐々倉 実）

（写真／伊藤 桃）

根室本線

釧路〜根室

一度、朝が明ける前、遠くには太平洋が広がる北海道の荒野をただかけていくエゾシカの群れをみたことがあります。本当にしみいる景色は、言葉も出ない。今も胸に刻まれています。（伊藤 桃）

茫漠とした地の果てのような湿原区間には不安すら覚えてます。感情を揺れ動かされる絶景区間では、会話すらノイズに感じることがあります。（蜂谷あす美）

（写真／谷崎 竜）

小海線

小淵沢〜甲斐小泉

小海線の「大曲り」は、30パーミルの急坂を半径３００ｍのカーブでたどる鉄道名所。進行方向を１８０度変え、八ヶ岳や南アルプスが左右に展開する。（谷崎 竜）

一人旅では寂しいが、清里等を観光した後の上り列車先頭部がお勧め。八ヶ岳に甲斐駒ヶ岳、富士山と秀峰が、異なる方向に現れる。（牧野和人）

山陰本線

岡見～鎌手

山陰本線は日本海の海岸線をトレースするように進む。なかでも折居～三保三隅間、岡見～鎌手間では日本海が間近に迫り車窓から目が離せない。（松尾 諭）

（写真／松尾 諭）

（写真／松尾 諭）

折居～三保三隅

長門市～下関

長門二見駅を過ぎたあたりの海車窓が素晴らしいです。響灘に沈む夕日がとても美しかったのを今でも思い出します。おすすめ。（オオゼキタク）

飯田線

七久保駅付近

飯田線七久保駅のあたりは、左右に中央アルプスと南アルプスが迫り、列車も「田切地形」のためにカーブを繰り返す。特に雪が積もる冬季の眺望がすばらしい。（杉﨑行恭）

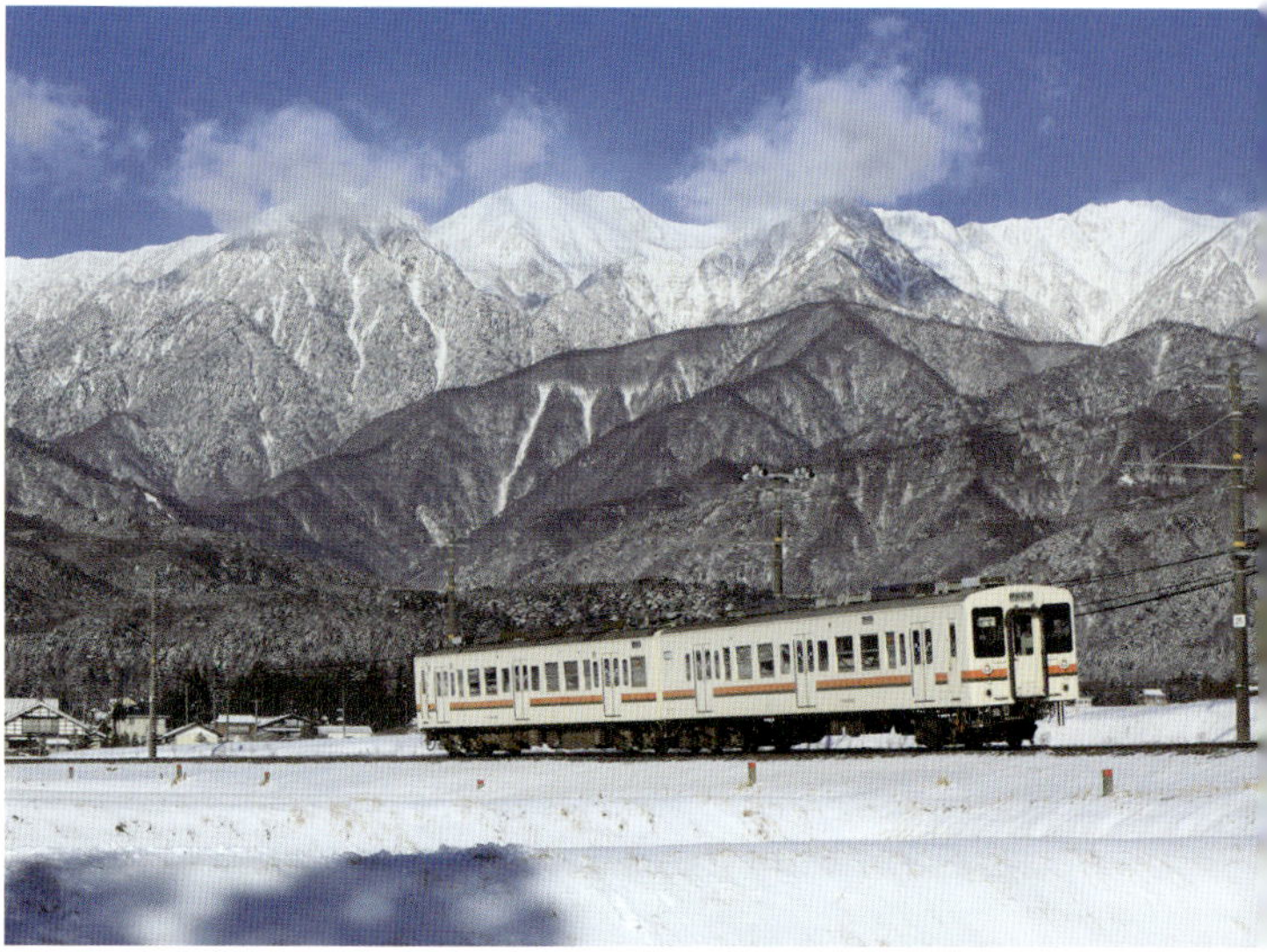

秩父鉄道

寄居〜秩父

渓流に沿って緑の中をくねくねと走っていのが心地いい。水の流れをじっと眺めているだけで癒されます。（川瀬ホシナ）

大井川鐵道井川線

千頭〜井川

あまり人が多くなく、大井川中流域の風景が素晴らしい路線です。列車の速度があまり速くないことも、のんびりした旅に似合います。（池口英司）

宗谷本線

旭川〜稚内

日本最北端へ向かう宗谷本線。かつてはたくさんの路線が枝分かれしていたが今はまっすぐ旭川から稚内へ向かうのみ。北の大地の厳しさを感じられます。（谷口礼子）

わたらせ渓谷鉄道

大間々～間藤

山間を抜けて足尾銅山の廃墟群が現れる様子は何度乗っても印象的。間藤から本山駅に至る貨物線沿いの散策も良いです。（米山真人）

（写真／米山真人）

（写真／坪内政美）

予土線

宇和島〜若井

愛媛県北宇和島と高知県若井を結ぶ予土線は、急勾配の峠越えから始まり、登りきったところで広がる田園風景をノロノロ……かと思えば、県境の山岳を抜け、清流四万十川沿いを走馬灯のように疾走する。まさに車窓絶景のオンパレード！（坪内政美）

呉　線

三原〜海田市

おだやかな瀬戸内海を眺めていると気持ちもゆったり。かつて大型蒸機を追いかけた区間も思い出しながら車窓をじっくり楽しみたい。

（木村嘉男）

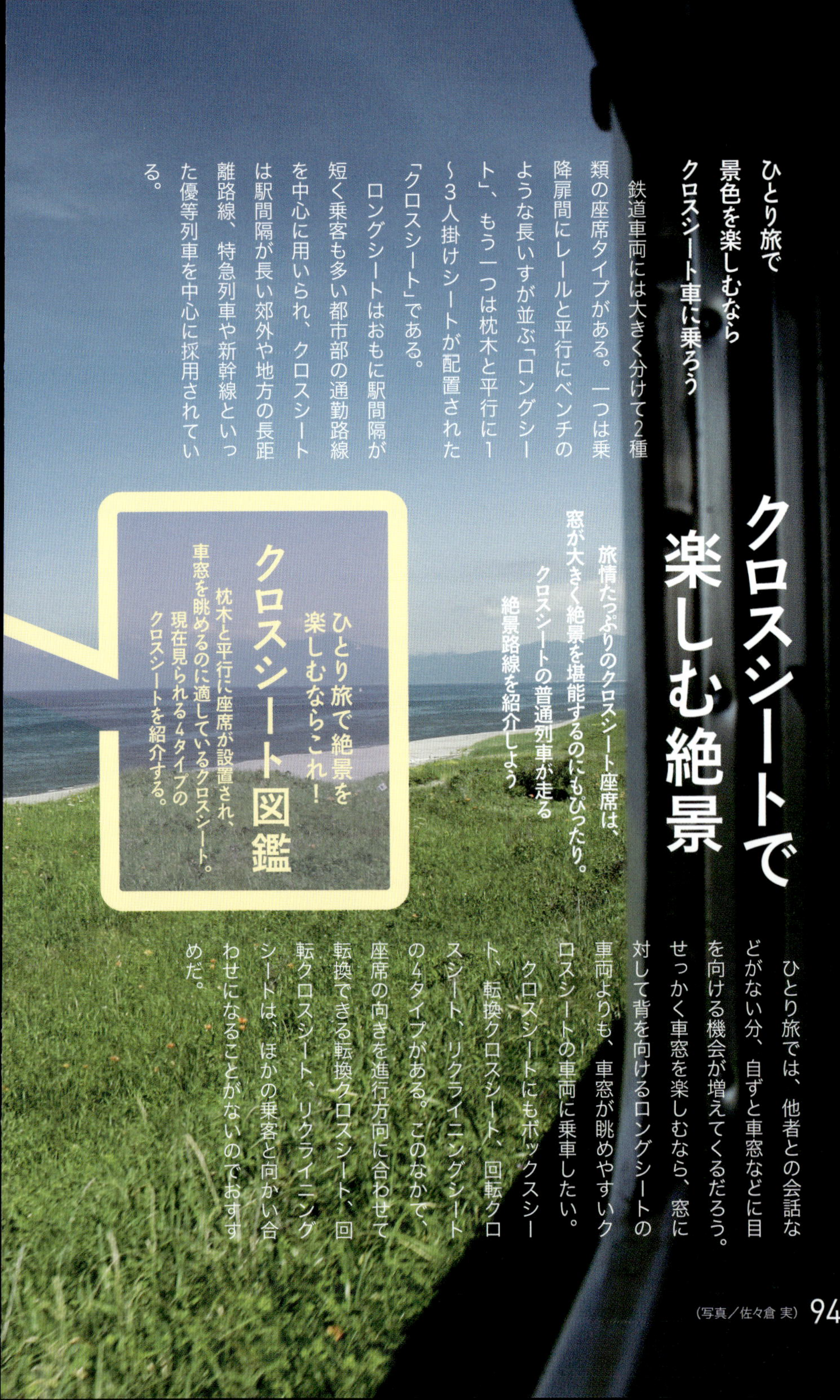

クロスシートで楽しむ絶景

旅情たっぷりのクロスシート座席は、窓が大きく絶景を堪能するのにもぴったり。クロスシートの普通列車が走る絶景路線を紹介しよう

ひとり旅で景色を楽しむならクロスシート車に乗ろう

鉄道車両には大きく分けて2種類の座席タイプがある。一つは乗降扉間にレールと平行にベンチのような長いすが並ぶ「ロングシート」、もう一つは枕木と平行に1～3人掛けシートが配置された「クロスシート」である。

ロングシートはおもに駅間隔が短く乗客も多い都市部の通勤路線を中心に用いられ、クロスシートは駅間隔が長い郊外や地方の長距離路線、特急列車や新幹線といった優等列車を中心に採用されている。

ひとり旅では、他者との会話などがない分、自ずと車窓などに目を向ける機会が増えてくるだろう。せっかく車窓を楽しむなら、窓に対して背を向けるロングシートの車両よりも、車窓が眺めやすいクロスシートの車両に乗車したい。

クロスシートにもボックスシート、転換クロスシート、回転クロスシート、リクライニングシートの4タイプがある。このなかで、座席の向きを進行方向に合わせて転換できる転換クロスシート、回転クロスシート、リクライニングシートは、ほかの乗客と向かい合わせになることがないのでおすすめだ。

ひとり旅で絶景を楽しむならこれ！

クロスシート図鑑

枕木と平行に座席が設置され、車窓を眺めるのに適しているクロスシート。現在見られる4タイプのクロスシートを紹介する。

（写真／佐々倉 実）

ボックスシート

固定式のクロスシートで、2人掛けのシートが向かい合わせになるように配置されている。国鉄型やJR東日本の気動車、近郊形電車を中心に全国で見られる。

回転クロスシート

座席の中央部に回転機構があり、座席を回転させることで着席方向が変更できるクロスシート。ここでは背もたれが傾斜させられないものを指す。

転換クロスシート

座席の背もたれ部分を前後に動かすことにより、着席方向を変更できるクロスシート。中京や関西地区の近郊形車両などで多く見られるタイプだ。

リクライニングシート

回転クロスシートの一種だが、背もたれを傾斜させるリクライニング機構をもつ。おもに有料の特急列車や普通列車のグリーン車などで採用されている。

クロスシート付きの普通列車が走る絶景路線

文◉森谷 貴明

クロスシートの普通列車から見える絶景を紹介する。ロングシートの車両と共通運行している区間もあるため、運行頻度などからクロスシート車両に遭遇するおおよその確率も補足した。乗車する際の参考にしていただきたい。

根室本線（花咲線）

ボ　転

使用車両：キハ54形
クロスシート遭遇率：100%

日本最東端を行くローカル線

線路の目の前まで広がる別寒辺牛(べかんべうし)湿原(厚岸～茶内間)や、崖の上から太平洋の絶景を楽しめる落石海岸(別当賀〈べっとが〉～落石間)が有名。釧路～根室間は部列車を除きキハ54形の転換クロスシート車両で運行される。

釧網本線 ボ

使用車両:H100形
クロスシート遭遇率:100%

道東ならではの絶景が展開

東釧路〜標茶(しべちゃ)間で広大な釧路湿原を、斜里(しゃり)〜網走間でオホーツク海の眺めを楽しめる。2024年の3月から新型ディーゼルカーのH100形が運行を開始した。また沿線風景をラッピングした観光兼用車両も登場、車内の内装が少しアレンジされているので出会えたらラッキーかも。

函館本線 リ 転

使用車両:721系、731系、733系、キハ201系など
クロスシート遭遇率:37%

石狩湾沿いの電化区間を走る

銭函～小樽築港間では石狩湾の海岸線に沿って走る。この区間はクロスシート車の721系のほか、ロングシート車の733系なども運転されている。721系・733系の一部編成には有料座席車の「uシート」車が連結されている。

大湊線 ボ

使用車両:キハ100形
クロスシート遭遇率:100%

陸奥湾の絶景はインパクト抜群

野辺地～大湊間の全線で陸奥湾沿いを走る。特に有戸～吹越(ふっこし)間では林の中から不意に海が現れ、車窓いっぱいに広がる様はインパクトがある。快調に走る列車の窓から風力発電機群を眺めるのも良い。

道南いさりび鉄道 ボ

使用車両:キハ40形
クロスシート遭遇率:100%

津軽海峡沿いをオリジナル塗装のキハ40が行く

上磯～木古内間で津軽海峡沿いに走る。沿線からは函館山が見えるほか、天気がいい日は海峡越しに青森の下北半島も見える。JR北海道から譲渡されたキハ40形で運行され、ボックスシートからの車窓が楽しめる。

リ リクライニングシート　ボ ボックスシート　回 回転クロスシート　転 転換クロスシート

五能線 ボ 使用車両:GV-E400系／クロスシート遭遇率:100%

日本海に岩木山、見どころ満載の路線

川部～陸奥鶴田間では東側に雄大な岩木山を眺められる。鰺ケ沢～八森間にかけては日本海沿いを走る。千畳敷や森山海岸といった奇岩が並ぶ景勝地や、沿線に点在する漁村の眺めも楽しめる。

八戸線 ボ 使用車両:キハE130系／クロスシート遭遇率:100%

名勝・種差海岸沿いを行く

鮫～陸中中野間など八戸線の大半の区間で太平洋の見える海沿いを走る。ウミネコの繁殖地として有名な蕪嶋(かぶしま)神社や、国の名勝に指定された種差(たねさし)海岸など景勝地が海沿いに点在する。

陸羽西線 ボ 回

使用車両:キハ110系
クロスシート遭遇率:100%

秋の紅葉シーズンは特におすすめ

古口～清川間にかけて最上川と並走する。この付近は最上峡と呼ばれる渓谷で、秋にかけては川の流れとともに紅葉も楽しめる。ボックスシートの車両のほか、座席の向きを45度回転させられる車両も在籍する。2024年度まで工事による運休中。

三陸鉄道リアス線 ボ

使用車両:36-100形、36-200形、36-700形など
クロスシート遭遇率:100%

入り組んだリアス式海岸沿いからの絶景

全体的にトンネルが多いが、その合間にリアス式海岸の眺めを楽しめる。連続テレビ小説「あまちゃん」で舞台の一つになった堀内駅のほか、その前後にある大沢橋梁や安家〔あっか〕川橋梁からの景色が有名。

只見線 ボ

使用車両:キハE120系、キハ110系
クロスシート遭遇率:100%

橋梁からの絶景は見逃せない

災害による長期運休から復活した只見線。会津桧原～会津川口間で只見川がよく見える。撮影スポットとしても有名な只見川第一橋梁など数回鉄橋を渡るほか、只見川のダム湖沿いも走るため川の変化を楽しめる。

リ リクライニングシート　ボ ボックスシート　回 回転クロスシート　転 転換クロスシート

大糸線 ボ

使用車両：211系・E127系・キハ120形／クロスシート遭遇率：80%

山あり川あり湖あり、景色の変化に富んだ路線

長野県の松本駅と新潟県の糸魚川(いといがわ)駅を結ぶ大糸線。松本～白馬間は線路と平行して並ぶ北アルプスの山々や木崎湖、青木湖などの湖畔の風景を楽しめる。白馬～糸魚川間は山間部に入り姫川の流れと並走する。

えちごトキめき鉄道 日本海ひすいライン ボ 転

トンネルの合間から見える日本海

使用車両：ET122形／521系（あいの風とやま鉄道）
クロスシート遭遇率：100%

直江津～市振間の全線で日本海沿いを走る。全体的にトンネルが集中する区間もあるが、有間川～谷浜間や親不知など海がきれいに見える区間も多い。電化区間だが気動車のET122形が運用されている。また1日1往復のみ、あいの風とやま鉄道の521系も乗り入れる。

氷見線 ボ

使用車両：キハ40系
クロスシート遭遇率：100％

条件が良いと雨晴海岸から立山連峰も望める

ハイライトはなんといっても越中国分～雨晴(あまはらし)間の雨晴海岸沿いだ。越中国分駅を過ぎて林を抜けると富山湾が車窓に映り、空気が澄んだ日には立山連峰が見える。女岩(めいわ)などの小島も見逃せない。

のと鉄道 ボ

使用車両：NT200形
クロスシート遭遇率：100％

能登半島の里山里海を走る

和倉温泉～穴水間にかけて七尾湾の近くを走る。海沿いに建ち並ぶ瓦屋根の集落や、湾内に浮かぶ能登島など、ゆったりと流れる車窓が楽しめる。また、春には能登鹿島駅に桜が咲くのでこちらも見ものだ。

小浜線 転

使用車両：125系
クロスシート遭遇率：100％

入り組んだ小浜湾の景色が望める

小浜から若狭和田付近にかけて、リアス式海岸の小浜湾沿いを走る。特に海が見やすいのは勢浜(せいはま)駅付近と加斗～若狭本郷間の区間で、湾の入り口に向かって伸びる半島を眺めることができる。

大井川鐵道 回 転

使用車両：16000形・21000形・井川線用客車ほか
クロスシート遭遇率：75%

ハイライトは奥大井湖上駅

全線で大井川沿いを走る。蛇行する川を何回か鉄橋で渡るため、車窓は左右どちらでもからでも楽しめる。井川線の奥大井湖上駅はダム湖に突き出た狭い陸地にホームがあり、孤島のような雰囲気が味わえる。

長良川鉄道 ボ

使用車両：ナガラ3形（一般形）
クロスシート遭遇率：50%

長良川の絶景が堪能できる

美濃市の中心部を過ぎて山間部に入る付近から長良川と並走する。川と近づいたり離れたり、ときに鉄橋で渡ったりしながら終着の北濃駅まで寄り添う。乗車整理券不要の一般車のクロスシート率は約半分ほど。

京都丹後鉄道 ボ

使用車両：KTR700形・KTR800形・KTR8000形など
クロスシート遭遇率：100%

由良川橋梁から日本海を望む

丹後神崎～丹後由良間にある由良川橋梁が最も有名。長さ約550mの水面ぎりぎりに架けられた橋を走る列車からは、まるで日本海の上を走るような感覚が味わえるだろう。

呉線 転 使用車両：227系／クロスシート遭遇率：100%

瀬戸内海の多島美をクロスシートから眺める

全線に渡って海沿いを走る区間が多い。穏やかな瀬戸内海に浮かぶ島々や、広島特産のカキの養殖筏が浮かぶ姿が眺められる。普通列車は227系に近年統一されたため、呉線のクロスシート率は100%となった。

山陰本線 ボ 使用車両：キハ40系ほか／クロスシート遭遇率：100%

夕陽が沈む日本海に出合えることも

山間部と日本海沿いを交えながら走る。海が西側に見える区間もあり、夕陽が海に沈む光景なども見られる。ボックスシートのキハ40系などが走っているが、一部ロングシートの割合を増やした車両もいる。

山陽本線 転

使用車両：115系・227系ほか
クロスシート遭遇率：100%
（福山〜三原 / 岩国〜徳山）

瀬戸内海に架かる橋も見どころ

広島県の尾道市内や広島〜柳井間を中心に瀬戸内海沿いを走る。穏やかな海や瀬戸内海の島々に架かる大きな橋も望める。一部列車を除き転換クロスシートの113系、115系や227系で運行される。

大村線・長崎本線 ボ

使用車両：YC1系
クロスシート遭遇率：100%

大村湾沿いを新鋭YC1系が走る

大村線の川棚〜松原間や長崎本線の喜々津〜大草間で、大村湾の海沿いを走り、車両の窓いっぱいに海の景色が広がる。この区間で運用されるセミクロス車のYC1系は、ロングシート部分も多いので注意。

土佐くろしお鉄道ごめん・なはり線 転

使用車両：9640形
クロスシート遭遇率：91%

高架上から土佐湾の景色が眺められる

後免駅から土讃線と分岐して奈半利駅まで土佐湾沿いを走る。高架区間が多いため海が見やすいのが特徴。クロスシート車のほか、展望デッキ付きの車両も走り、漁港や松林越しの海の風景がより楽しめるだろう。

リクライニングシートで快適に 絶景広がる特急列車

文◉森谷 貴明

北海道から鹿児島まで日本各地を走るJRの在来線特急列車。その速さだけでなく、リクライニングシートでくつろぎながら車窓を眺められるのも魅力のひとつ。さまざまな自然の絶景を楽しめる区間を紹介していきたい。

※赤字がおすすめ絶景区間です。

宗谷・サロベツ

幌延〜南稚内

使用車両:キハ261系
運行区間:札幌〜稚内

サロベツ原野と日本海からの利尻富士

幌延〜兜沼(かぶとぬま)間にかけて、列車名の由来になったサロベツ原野を通過する。西側の車窓で防雪林と交互に原野を見ることができる。空気が澄んだ日には日本海の奥に名峰、利尻山(利尻富士)が姿を現す。

おおぞら

池田〜釧路

使用車両：キハ261系
運行区間：札幌〜釧路

太平洋沿いの原野を走る

太平洋に沿って走る厚内〜釧路付近は「おおぞら」で楽しめる絶景区間の一つだ。帯広方面から乗車した場合、厚内駅の先にあるカーブを通過すると、進行方向右側（南側）の窓に太平洋が突然現れるのでインパクトも大きい。

北　斗

東室蘭〜新函館北斗

使用車両：キハ261系
運行区間：函館〜札幌

内浦湾の海岸線沿いで続く絶景

東室蘭〜森間で内浦湾〔噴火湾〕沿いに走る。全体的に海に近く、長時間に渡って海の景色を楽しめる。森駅から南側では北海道駒ヶ岳が見られる。特に大沼駅付近では、小沼の水辺と駒ヶ岳を車窓から眺められる。

いなほ

村上〜羽後本荘

使用車両：E653系
運行区間：新潟〜酒田・秋田

漁村や景勝地を望む 日本海沿いと鳥海山の眺め

村上から北側では山と日本海に挟まれた海沿いを走る。漁村とトンネルを縫って走るこの区間には笹川流れといった景勝地もある。米どころの庄内平野を過ぎると、山形と秋田の県境付近では標高2236mの鳥海山を眺められる。

あずさ

大月～茅野

使用車両：E353系
運行区間：千葉・東京・新宿～松本・南小谷

1本の列車で複数の山々を見渡せる

勝沼ぶどう郷付近では車窓いっぱいに甲府盆地が見下ろすことができ、天気が良いと南アルプスの山々を見渡せる。日野春～富士見間付近では八ヶ岳が見渡せる。1本で複数の山が見渡せるお得感がある列車だ。

踊り子・サフィール踊り子

小田原～伊豆急下田

使用車両：E257系・E261系
運行区間：池袋・新宿・東京～伊豆急下田

温暖な相模湾と伊豆諸島の眺め

小田原を過ぎると次第に山が迫ってくる。東海道線は斜面の中腹を走るため、トンネルの合間に相模湾の眺めがはっきり見える。さらに伊東線に入り南下すると、初島や大島など伊豆諸島を見て楽しむことができる。

しなの

中津川～篠ノ井

使用車両：383系
運行区間：名古屋～長野

木曽川の流れと善光寺平を望む絶景

中央本線の中津川～藪原間で木曽川と並走し、景勝地・「寝覚(ねざめ)の床」も見える。篠ノ井線の姨捨付近は日本三大車窓の一つに数えられる名所だ。眼下に広がる善光寺平まで標高差およそ500mを駆け降りていく。

南紀

紀伊長島～紀伊勝浦

使用車両：HC85系
運行区間：名古屋～紀伊勝浦・新宮

熊野灘を望む沿線の地形の変化にも注目

志摩半島の峠を越えると熊野灘に面する。紀伊長島～熊野市間は起伏の激しいリアス式海岸で、トンネルの合間から集落や入り江を眺められる。熊野市～紀伊勝浦間は一転して起伏のなだらかな海岸線から熊野灘が望める。

ひだ

美濃太田～富山

使用車両：HC85系
運行区間：大阪・名古屋～高山・飛騨古川・富山

並走する3つの河川には景勝地や見どころもたくさん

　高山本線は山間部で3つの川と並する。飛騨川では景勝地の「飛水峡(ひすいきょう)」や、水面ギリギリを鉄橋で越える下原ダムなどが有名。高山から北では宮川と神通川を細かく鉄橋で渡りながら走り抜ける。

くろしお

印南～新宮

使用車両：283系・287系・289系
運行区間：京都・新大阪～白浜・新宮

トンネルの合間から眺める南海のきれいな海岸線

本州最南端を走る「くろしお」は印南駅から南側で海沿いを走る。トンネルを挟みながら、紀南の海岸沿いにきれいな海が車窓に眺められる。串本付近では景勝地・「橋杭岩〔はしぐいいわ〕」も車内から眺められる。

はまかぜ

城崎温泉～鳥取

使用車両：キハ189系
運行区間：大阪～浜坂・鳥取

余部鉄橋などから見る日本海

「はまかぜ」の城崎温泉～鳥取間は日本海沿いに走行する。海岸近くまで入り組んだ地形になっているため、トンネルと交互に漁村と入り江が車窓を流れていく。特に深い谷間を跨ぐ余部鉄橋からは集落と日本海を眺められる。

スーパーまつかぜ・スーパーおき

松江～益田

使用車両：キハ187系
運行区間：鳥取～益田・米子～新山口

出雲の宍道湖と日本海の絶景

山陰本線は松江付近で、北側の車窓から宍道湖を眺められる。出雲から西では山と海岸が入り組んだ地形の中を走る。特に折居～三保三隅間など海がきれいに見える場所は有名なフォトスポットにもなっている。

しおかぜ・南風・うずしお

児島〜多度津

使用車両:8000系・8600系・2700系
運行区間:岡山〜松山・高知・徳島

瀬戸大橋を渡りながら眺める絶景

本州から四国方面に直通する特急列車に乗ると、眼下に広がる海峡と島々を望める。特に岡山方面から乗る場合、鷲羽山(わしゅうざん)トンネルを抜けると橋の上に差し掛かる。この際の車窓の変化はおすすめだ。

しおかぜ・いしづち

多度津〜松山

使用車両：8000系・8600系
運行区間：高松・岡山〜松山

「窓いっぱいに海が映る」瀬戸内海の車窓

予讃線は瀬戸内海を眺められる区間が多い。海岸寺駅付近では沖合の小島に浮かぶ津嶋神社が眺められる。また、今治〔いまばり〕〜松山では西側に海が面しているので季節によっては日が沈む海を眺められる。

南風・しまんと

琴平〜中村

使用車両：2700系
運行区間：岡山・高松〜高知・宿毛

1つの列車で山間部と海の絶景を楽しむ

吉野川の上流は深い渓谷地帯で、山腹に建つ集落や小歩危・大歩危(こぼけ・おおぼけ)などの景勝地を眺める。高知から西の区間では土佐湾に近づき、特に安和駅の付近は海岸沿いを走るので海がよく見える。

にちりん・にちりんシーガイア

別府〜宮崎

使用車両：787系
運行区間：博多・小倉・大分〜宮崎空港

別府湾と佐伯湾、そして日向灘の眺め

別府や佐伯付近では海に近い場所を走り、みなと町の風景を楽しめる。延岡より南の区間では日向灘と並走する。海沿いに架けられた小丸川橋梁などのポイントも見逃せない。

海幸山幸

南宮崎～南郷

使用車両:キハ125系
運行区間:宮崎～南郷

「鬼の洗濯板」など日向灘の名所を通る

内海～小内海間では、「鬼の洗濯板」と呼ばれる独特の形状をした岩が海岸線沿いに現れる。南側の終着に近い油津～南郷間では列車が海岸線ギリギリを走り、鉄橋の上からは砂浜の眺めを楽しむことができる。

ゆふいんの森

久留米～大分

使用車両:キハ71系・キハ72系
運行区間:博多～由布院・別府

玖珠川の流れと雄大な由布岳をたっぷり満喫

光岡～豊後中村間では玖珠(くす)川の流れを楽しめる。杉河内～山田間では景勝地「慈恩〔じおん〕の滝」付近で徐行するサービスがある。由布岳は車窓のハイライトで、由布院駅到着前に前方から雄大な山容が望める。

A列車で行こう

宇土〜三角

使用車両:キハ185系
運行区間:熊本〜三角

有明海からの雲仙岳と景勝地の海岸

住吉〜赤瀬間で有明海沿いを通る。天気が良ければ雲仙岳も見える。また景勝地である御輿来〔おこしき〕海岸も車窓から見える。もし干潮のタイミングで通過すれば、特徴的な砂の模様を見られるかもしれない。

指宿のたまて箱

鹿児島中央〜指宿

使用車両:キハ47形
運行区間:鹿児島中央〜指宿

錦江湾沿いを走る観光特急

列車の運行区間で錦江湾南側の海近くを走る。特に平川〜宮ケ浜間は海沿いを走る場所も多い。鹿児島中央駅方面から乗車すると桜島から離れていく。その代わりに南北に伸びる錦江湾と大隅半島の景色を楽しめる。

きりしま

隼人〜鹿児島中央

使用車両:787系
運行区間:宮崎〜鹿児島中央

錦江湾と海越しに望む桜島

日豊本線の隼人から南側では錦江(きんこう)湾北側の海近くを走る。特に重富〜鹿児島間では錦江湾越しに桜島の山容を眺められる。鹿児島中央行きに乗ると進行方向左側の車窓で、次第に近づく桜島を堪能できる。

column 3

地図で選ぶ絶景座席

普段は乗らない旅先の列車。景色を堪能したいが土地勘がないのでどちらサイドに座ればいいか分からない……。そんな時は、グーグルマップなどの地図アプリ（もちろん紙の地図でも可）を参考にしてみるといい。海や山、有名な建築物など、お目当ての景色が列車の進行方向に対してどちら側にあるのかを調べて座席を選ぼう。乗車後もマップアプリを追っていると、車窓から見える山の名前がわかったり、今どの街を走っているのかがわかったりして、それもまたおもしろい。座席選びからはそれるが、車窓の写真を撮った後に、地図アプリで現在地のスクリーンショットを撮る……なんて使い方もおすすめ。

旅先ではせっかくなので景色のいい座席を選んで座りたい。シンプルに見たいものがどちらにあるかを地図で調べればOK

第4章

私だけの旅プラン

自分のやりたいことを詰め込めるひとり旅。
アドバイザーたちの「今行きたい」旅や、
おすすめ旅プランを見ながら「私だけの旅」を作ろう

今行きたいひとり旅

ひとり旅アドバイザーのみなさんに、「私だけ」のとっておきの旅プランや楽しみ方をアンケート。まずは、今だからこそ行きたい、あるいは今は難しくともいつか行ってみたいひとり旅プランをご紹介します。

ひとり静かに眺めたい 絶景の旅

伊藤 桃

立山黒部アルペンルート

北アルプスを貫き、長野と富山を結ぶルート。雄大な大自然を、列車を乗り継ぎながら抜けていきます。絶景と乗り鉄をじっくりひとりで堪能したいです。

松尾 諭

日本一の絶景路線の旅

日本一の絶景路線は只見線だと思っている。車両こそキハ40系から新型車両に置き換えられて、列車本数が少ないのがネックだが、只見川の景観は美しく、何度訪れても飽きない魅力がある。

左／渓谷美が魅力の只見線。特に紅葉の季節の車窓は息をのむほど美しい。（写真／松尾 諭）

谷崎 竜

都心からぶらり奥多摩散策の旅

都心から約2時間で青梅線の終点、奥多摩駅へ。駅前の観光案内所でハイキングマップを入手し、愛宕《あたご》山や氷川渓谷などの散策コースを歩く。青梅線の沢井駅や鳩ノ巣駅で下車して、多摩川渓谷を歩くのもおすすめ。

牧野和人

日本海の絶景に魅入られてひとりだけの世界へ

山陰本線の出雲市以西では、日本海沿いを走る区間がいくつもある。普通列車の本数が少ないので、出雲市もしくは下関前泊で、翌朝の乗車がお勧め。車窓から海底の岩礁が見えるほど澄んだ水面には、いつも魅入られる。

第四只見川
会津川口
キハE120-6
JR
S
7

世界が広がる 鉄道&船の旅

谷口礼子

フェリーでつなぐ 列島縦断旅

本州・四国・九州の鉄道をフェリーでつないで縦断してみようと考えました。紀勢本線をぐるりと回り、和歌山港から南海フェリーで徳島港へ。徳島からは高徳線と予讃線を乗り継ぎ、宇和島運輸フェリーで八幡浜から別府に渡ります。旅先のフェリーや渡船は要注目です。

海を渡るフェリーの旅は、鉄道旅とも違う非日常感や〝越境間〟を体感できる。(写真／オオゼキタク)

オオゼキタク

車内で耳すます 普通列車&船の旅

地元乗客のおしゃべりを聞くのが楽しみでよく普通列車に乗ります。函館～大間、八幡浜《やわたはま》～別府、松山～広島など船を絡めると地域による言葉の違いがハッキリ見えて興味深いです。

蜂谷あす美

夜も止まらない フェリー&鉄道の旅

定期運行の夜行列車がサンライズのみであることから、鉄道での夜間移動は難しくなったものの、フェリーなら夜行便もあちこちで就航しているので、鉄道とフェリーをうまく組み合わせ、ひたすら移動し続けたいです。

マニアック鉄道旅

全国各地の駅スタンプ。旅の記録としてももちろん、コレクションとしてもぜひ集めたい。（写真／坪内政美）

坪内政美

日本全国駅スタンプ巡礼

全国に５０００個はあるといわれる駅スタンプの世界。収集癖のある日本人の本能が開花する旅は、路線ごとでコンプリートしたいところだが、意外な駅や隠しスタンプの存在など、一筋縄では収集できない。

佐々倉 実

国鉄車両の音を楽しむ旅

国鉄型車両が数多く残る広島、岡山エリア。山陽本線では国鉄型電車の１１３系、１１５系や１１７系が、非電化路線の芸備線や津山線ではディーゼルのキハ40が数多く残っています。国鉄型車両はモータ音やエンジン音が大きく、ひとり旅でそんな列車音をじっくりと楽しむことができます。

坪内政美

泊まってみよう鉄道車両宿

全国に点在する鉄道車両を使った宿や鉄道が見えるトレインビューの宿を泊まり歩きたい。動く車両に乗って動かない車両で夜を明かす。鉄道旅の究極ではないだろうか。

くま川鉄道多良木駅から徒歩1分の場所にある「ブルートレインたらぎ」。2009年3月廃止された寝台特急「はやぶさ」を利用した簡易宿泊施設で、2両が宿泊スペース、1両が多目的スペースとなっている。

松尾 諭

小海線「HIGH RAIL星空」の旅

「HIGH RAIL 星空」は車内では星空上映会が楽しめるほか、野辺山では50分程停車し、星空観察会を開催。青春18きっぷ（指定席券840円が必要）で乗れるのもうれしい。

「HIGH RAIL星空」は、〝天空に一番近い列車〟として星空観賞が楽しめる。（写真／松尾 諭）

あの列車に乗りたい旅

四国の豪華列車乗り継ぎ旅

谷崎 竜

ＪＲ四国の「伊予灘ものがたり」（松山～八幡浜）、「志国土佐 時代《とき》の夜明けのものがたり」（高知～窪川）、「四国まんなか千年ものがたり」（多度津～大歩危《おおぼけ》）の３列車は、全国有数の人気を誇る観光列車。眺望駅での停車や車内イベント、郷土料理（食事券が必要）などを満喫できる。カウンター席もあり、ひとりでも利用しやすい。

美しい車窓や車内グルメが満喫できる四国の観光列車。四国まんなか千年ものがたり(写真左)は、「秘境スイッチバック駅」の坪尻駅にも立ち寄る
（写真／谷崎 竜）

ＳＬばんえつ物語で夜の旅

佐々倉 実

乗りたくても乗れていない列車が「ＳＬばんえつ物語」の会津若松駅発、出発が15：25、新津駅到着は18：40。秋が深まる10月下旬には日の入りが早く17時ごろには暗くなってきます。ＳＬ牽引の夜行列車を楽しめるのも長距離を走る列車ならではです。

木村嘉男

今こそ行きたい旧「白鳥」の旅路

2001年に廃止された特急「白鳥」の経路をたどる。大阪から青森まで。途中、第三セクターに転換した部分もあり、白鳥時代のように1日で走破することはできなくなった。しかし以前とはまた違った車窓・旅になるのではないだろうか。

杉崎行恭

浅草から全部私鉄で東北へ

浅草から野岩《やがん》鉄道、会津鉄道を経由して会津鶴ヶ城に向かう、鉄道裏街道の旅ですね。途中で「SL大樹」も乗れるし、野岩鉄道のへんてこな駅舎群もみられるし、会津田島駅の駅弁も食いたい。結構忙しい裏街道かも。

ひとりだからできる！鉄道チャレンジの旅

池口英司

真冬の飯山線完乗

寒いのが苦手で、冬はあまり出かけていないのですが、日本でいちばんの積雪を記録したという飯山線森宮野原駅に、雪の季節に訪れたいというプランはずっと持ち続けています。民宿に泊まって、雪に閉じ込められるような感覚を味わってみたいものです。

杉崎行恭

在来線を行く山陰本線退屈旅

令和になったいま、京都から幡生《はたぶ》まで161駅、673・8㎞の日本最大の在来線をひとりで制覇してみたい。めくるめく田舎風景の続く超大路線なので、自分の感性が麻痺するほどの非現実的な風景の数々を体験してみたい。

もう一度行きたい お気に入りの旅

道南の雄大な景色を肴に地ビールを飲む。（写真／川瀬ホシナ）

川瀬ホシナ

特急「北斗」で行く、函館&小樽

函館と小樽をセットで旅するのが、マイ定番コースです。函館の夜景は毎年見たくなるし、小樽は見どころが散らばっているので制覇すべく通いたくなる。毎回、新しいスポットを取り入れつつ観光するのが楽しいです。ちなみに北斗の車内で「大沼ビール」を飲みながら大沼国定公園を通過するのもマイ・定番です。

タイ・メークロン線にて。つかの間の4人旅を楽しんだ。（写真／植村 誠）

植村 誠

タイ国鉄 どん行旅

タイの鉄道も好きでして、とりわけどん行で熱帯の風を受けながらゆっくりと鉄路をたどるのは、何度やっても飽きません。バンコク〜チェンマイ間やバンコク〜パダンブサール間など2日がかりの行程も多いのですが、地に足のついた汽車旅と言ってもよさそうです。旅の充足感も抜群！

木村嘉男

京都をゆっくりもう一度

学生時代には30〜40回ほども訪ねた京都。お寺巡りやグルメ探訪など目的もいろいろ。でも京都は意外に鉄道関係も興味深いスポットが多い。嵐電、叡電などの個性的な電車や、ＪＲでは貴重な１１３系にもめぐり会うチャンスが。そして京都鉄道博物館も。時間があれば18きっぷでも余裕でいけるので、あらためて行ってみたい目的地である。

これぞひとり旅！趣味全開の旅

気動車にコトコト揺られ、木造駅舎と猫を堪能する癒しの旅。（写真／米山真人）

米山真人　国鉄気動車で行く小湊鐵道木造駅舎ねこ巡り

小湊鐵道沿線には猫が多いです。彼らを膝にのせて過ごす木造駅舎でのひとときは猫好きにはたまらないもの。ＪＲから譲渡されたキハ40に乗って猫の住む上総《かずさ》山田、上総牛久、高滝駅を巡る旅。上総中野からいすみ鉄道に乗り継いで国鉄型気動車で房総半島横断も楽しいかと思います。（現在は水害により一部バス代行）

牧野和人　変化する出汁の味を体感

うどん、そばの出汁《だし》は東西で味や濃さが異なる。それを体感すべく、品川駅構内のそば屋を皮切りに「こだま」に乗って一路西へ。新大阪まで各駅のそばを食す。味の境界といわれる関ケ原を挟んで、岐阜羽島駅構内と、米原駅のホームにある立ち食いそばのスタンドが注目点。名物「えきそば」がある姫路まで足を延ばしても良い。

上田駅と常陸大子駅で見つけた「赤い橋」と「緑の橋」。（写真／谷口礼子）

谷口礼子　赤い橋と緑の橋を渡る旅

2021年に復旧した上田電鉄別所線の赤い橋と、水郡線の緑の橋＝第6久慈川橋梁（常陸大子〜袋田間）をどっちも渡る！という2日間の強行旅をしました。東京から上田に直行して別所線に乗車。その日は信越本線と飯山線を乗り継いで長岡泊。翌朝、新潟から急行あさひをルーツに持つ米坂線経由の「快速べにばな」で米沢、福島と回って郡山へ。水郡線経由で上野に帰着しました。ちょっと乗りすぎ？（笑）どちらの橋も地元の皆さんに愛されていてうれしかったなあ。

見慣れている駅や列車も、夜になると雰囲気が一変。（写真／米山真人）

米山真人

箱根登山鉄道　闇夜行

沿線には古民家を改装したゲストハウスが点在します。リーズナブルに宿泊できてカウンターでお酒を飲める宿も。薄暮の時間からほろ酔いになって、フリーきっぷ片手に列車に乗り込みます。暗いなかをスイッチバックしながら何往復もしていると、夜行列車に乗っているかのような感覚が味わえます。窓の開く旧型車両であれば夜風も心地よく最高です！　終電で降り損ねないよう注意。

川瀬ホシナ

観光列車に乗ってパワーチャージ旅

スタートは福岡駅。太宰府天満宮、「光の道」で有名な宮地嶽神社、世界遺産の宗像《むなかた》神社、そして大分県の宇佐神宮へと、歴史深いパワースポット神社を巡りたい。移動はもちろん観光列車を利用。車内でも心地よく過ごして、しっかりパワーチャージできる癒しの旅がしたいです。

杉崎行恭

上信電鉄全駅制覇の旅

高崎～下仁田間を結ぶ上信電鉄線には昔ながらの木造駅舎がずらりと並んでいます。そこに超モダンな上州富岡駅があったり、私鉄最古駅舎の可能性もある下仁田駅があったりと、興味がつきません。

いつか行きたい海外鉄道の旅

蜂谷あす美

中国　寝台列車の旅

行けないとわかっているからこそです。すぐ近くの中国にはたくさんの寝台列車が走っているので、それらを延々と乗継ぎたいです。

植村 誠

インド　ラダックの旅

ラダックは、写真家・藤原新也さんがその深すぎる青空を絶賛した地。インド・カシミールに鉄道が延伸するという話もあり、異国の辺境列車となんらかの乗り物を乗り継ぐ旅が出来たら……などと夢想しています。

ヒマラヤ山脈の街・ラダック。街の標高は3000mを越え、紺碧の空が広がる。

川瀬ホシナ

イラストレーター・まんが家。街の魅力を伝えるイラストルポや、観光マップを中心に執筆している。東京メトロで配布の『メトロガイド』にて「東京探訪」を約10年連載。明治・大正期のレトロ建築を見て歩くのが趣味。最近は絶景路線に興味津々。

盛岡泊の2泊3日

自由!とことんマイペース!リスケもOK!

気のまま東北旅

ひとり旅のよさは、
同行者に気をつかうこともなく、
1分1秒までのすべてが自分の思うまま! なところ。
食べ物、観光時間、プランだって変幻自在。
“自由こそ旅の楽しみ”という東北の旅をレポート!

イラスト・文◉川瀬ホシナ

※記事内の時刻等は取材時の2021年6月当時のものです

旅のプランニング

旅の目的地は武家屋敷の町・秋田県の角館と世界遺産・平泉。そして、その中間にある盛岡も観光することに。まず、エリアごとにスポットの定休日、営業時間などを書き出し、行きたいスポットが休みの曜日を避けて、旅の日程を決めました。

観光の所要時間を知るべく、角館の観光情報センターに問い合わせると「徒歩でまわって約4時間」との回答。半日で見れるならと、初日に角館へ行くルートに決定!

旅のルート

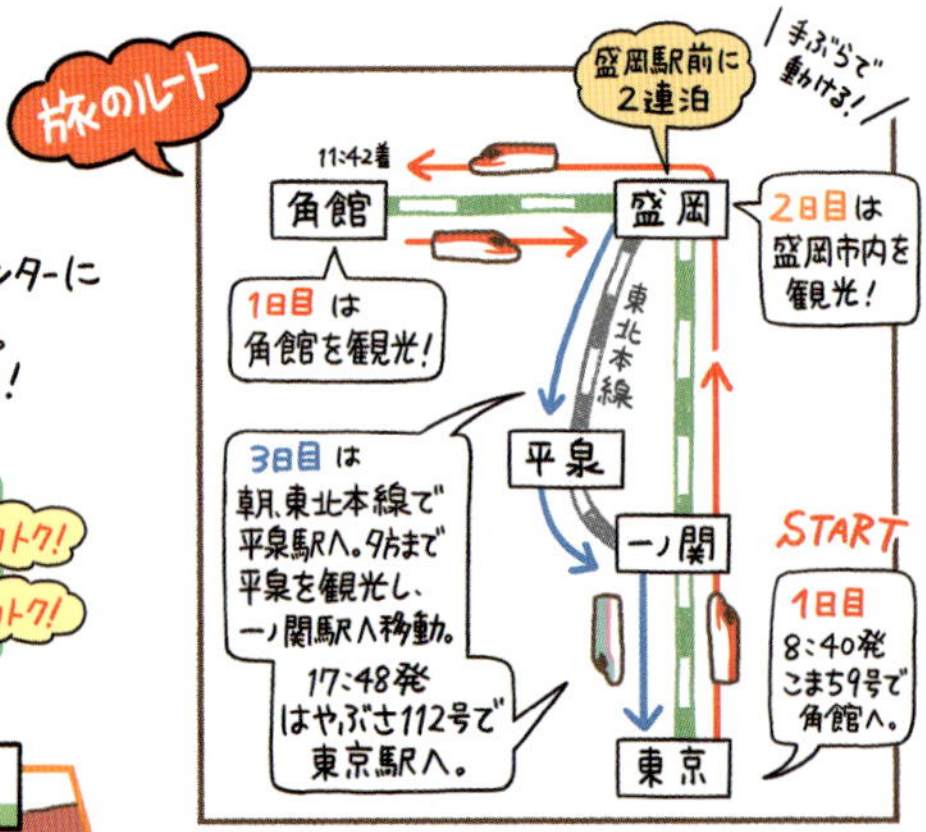

新幹線はお先にトクだ値スペシャルで予約

こまち	東京ー秋田(角館で下車)	8,950円	8,510円トク!
はやぶさ	盛岡ー東京(一ノ関で乗車)	7,400円	7,210円トク!

1日目

実は私、こまちに乗車するのは初めて!2列シートの小さな車両とドアのステップに興味津々です。

乗車後は車窓の景色を眺めつつ、ガイドブックを読んだり、スマホの地図に観光スポットをマーキングする作業にいそしみます。

ひとり旅 良 POINT 移動中に予習ができる

旅の持ち物

鉄道旅は身軽が一番ですよね!

「2WAY」と「コンパクト」が好きです

観光に必要な物以外は駅のコインロッカーに預け、観光マップと現地の生きた情報を入手すべく駅前の観光案内所へ。街の見どころや効率の良いルート、名物の比内地鶏が食べられるお店を教えてもらいました。

秋田犬柄のマスクケース&マスクをもらえた♡
ランチは比内地鶏丼&稲庭うどんセット
「比内地鶏を使っている店」は2軒のみでした。聞いて良かったら!

角館
11:42着
晴天!

駅舎が武家屋敷風でカッコイイ! 街を象徴した駅舎って気分アガります♪

角館武家屋敷

観光ポスターで目にする「武家屋敷の黒塀としだれ桜」の風景は、写真の印象よりしだれ桜の木がとても高く、大きくて驚きました。この桜がすべて咲いたら、それはそれは圧巻でしょう。春にもう一度、来てみたい〜!

青空に新緑が映えてキレイ!

「打掛展」

武家ならではの豪華な着物の数々。

河原田家
座敷から石庭が眺められて風情たっぷり

青柳家

解体新書記念館

江戸時代のイラストレーターですね
ひとり旅 良 POINT
好きなものをじっくり観賞できる

「解体新書」って、挿絵がデザイン的でとってもカッコよくて好きなんです。その挿絵を描いたのが、ここ青柳家の親戚・小野田直武。ここでは手本にした解剖書(日本に2冊しか無い)との比較展示が見れてコーフン!

帰りの電車の時間が迫っているけれど「見たい!」の気持ちが勝利し、最後に「新潮社記念文学館」へ駆け込み入館! じっくりは見れなかったけど、「観賞できた」ということでOKとします(笑)! 入らなかったら心残りになったでしょうしね。急ぎ足で角館駅へ向かいました。

ひとり旅 良 POINT
思い付きで行動できる
急げー!

17:18 角館
↓ こまち40号
18:14 盛岡

盛岡駅前のホテルにチェックインし、荷物を置いて夕食へ。まだ1日目ですし、体力温存のため駅前で盛岡冷麺をサッと食べて、ホテルに戻りました。

ニュースで「明後日が暴風雨になる」との予報。3日目に行く予定の平泉観光にレンタサイクルは必須のため、予定変更！2日目と予定を入れ替えて、明日、平泉へ行くことにしました。

電車の時刻を調べたら、明日に備えて、早寝です。

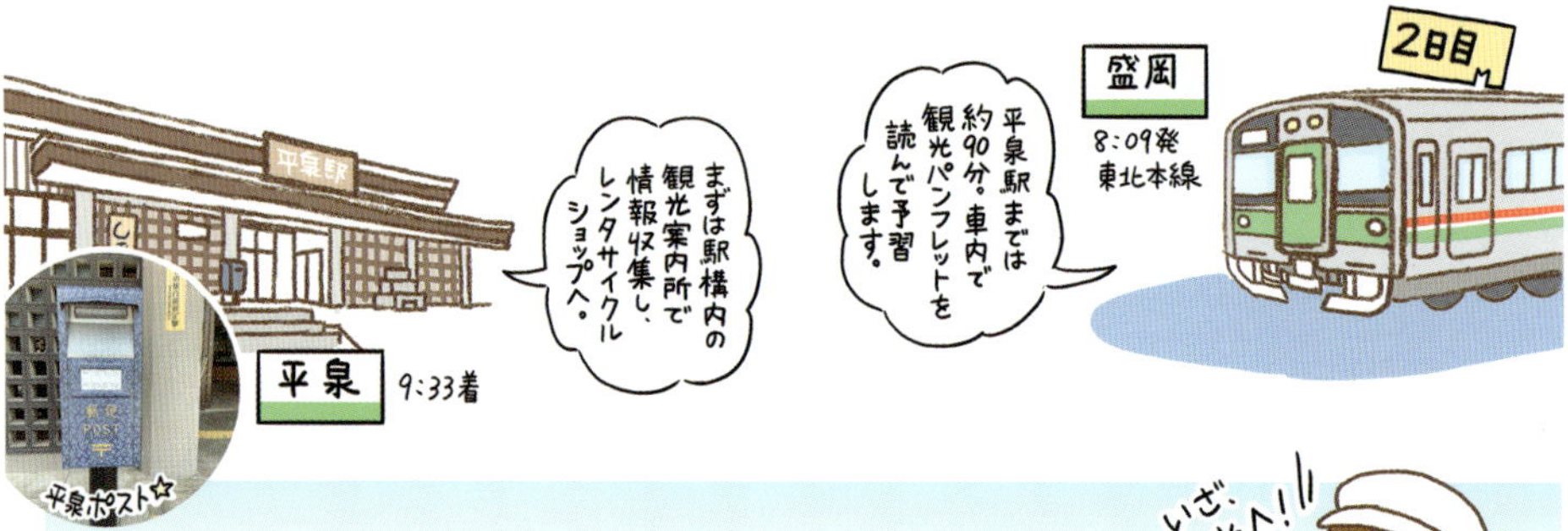

最初に訪れたのは「無量光院跡」。今は庭園跡が残るのみですが、昔は京都の平等院鳳凰堂のような立派な建物があったとか。想像をふくらませて観賞します。

次に訪れた「柳之御所史跡公園」も野原が広がるのみ。案内板を読んでは想像をふくらませ、静かに遺跡の中を歩いてまわりました。

いよいよ平泉観光の目玉、「中尊寺」へやって来ました。覆堂の中に安置されている金色堂は、本当にすべてが金色で豪華絢爛な輝きです。それに緻密に施されている細工も見事で、右から左から、じっくりと眺めました。

境内には観音堂、薬師堂、不動堂など、さまざまな仏様を祀るお堂がありました。せっかく来たのだから中尊寺を深く知りたいもの。ひとつひとつ、お参りをして歩きました。

「毛越寺」では「大人の休日倶楽部」のポスターの撮影地で自撮りをして、友人に送信。ひとり旅の話し相手として、スマホの向こうの友人はありがたい存在です。

15:40

平泉の世界遺産をコンプリート!

—ですが! 観光を終了させるにはちょっと早いと思い、「毛越寺」から自転車で片道25分(約6km)の距離にある史跡へ行ってみることに!

達谷窟毘沙門堂

岩壁を背負って建つ毘沙門堂や磨崖佛がダイナミックで迫力たっぷり。さっきまで見てきた風流で静かな景色とは違った平泉の名所を見ることができました。来て良かった〜!

17:28 平泉
↓ 東北本線
18:56 盛岡

3日目

3日目は予報どおり朝から暴風雨のため、ホテルでのんびりと観光ルートの作成です。この日は市内循環バスを利用して、レトロ建築と博物館など屋内施設の観光をすることに。

ホテルに荷物を預けて、雨の街へ出発です！

でんでんむし

最初は、盛岡で一番見たかった場所へ！
明治44年に建てられた盛岡銀行本店の建物で、設計は辰野金吾と、教え子の葛西萬司。東京駅と同時期に造られたこともあり、赤レンガとドーム屋根の見た目もそっくりです。

「もしも東京駅が洋館だったら」を実現したような華麗なる内装も素敵！令嬢になったつもりで館内の部屋を見学しました♡

同じエリアのレトロ建築たちも見て歩きました！

ひとり旅 良 POINT 好きなものを食べられる

ちなみに、ランチは盛岡名物ではなく、大好物の「仙台牛タン」を食べました。
だって… どこにいようが牛タンが食べたいんですっ！

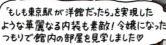

博物館大好き! ここで貴重な出会いとなったのは盛岡の伝統行事「チャグチャグ馬コ」の実物大展示。仕事でイラスト化したことがあるのですが、資料写真では装飾が分かりづらかったのです。現物を真近で見られてラッキー♪ 資料用にたくさん写真を撮っておきました。

旅のまとめ

実は、3日目の帰りの新幹線はもう1本、候補があったんです。

お先にトクだ値スペシャル価格です

はやぶさ112号		やまびこ64号	
17:07	盛岡	18:38	一ノ関
17:48	一ノ関		
19:56	東京	21:12	東京
7,400円		6,430円	

差額は970円。一ノ関駅にも停まる盛岡発のはやぶさを予約しておいたことで予定の入れ替えが可能になりました!

鉄道ひとり旅 おすすめプラン

乗り鉄趣味を楽しんだりのんびり気ままに楽しめるひとり旅のおすすめプランを紹介。

Plan 1
東京発

東京駅
↓
東北本線
白河駅
小峰城跡
↓
東北本線
仙台駅
エキナカ散策
↓
東北本線
一ノ関駅
駅周辺散策
↓
東北本線
盛岡駅

普通列車でひたすら北上旅

東京から普通列車に乗ってひたすらに北上する旅。

始発に乗ってわき目を振らずに進む本当の限界旅なら青森まで行けるが、気分転換がてら途中下車をしながらでも、20時頃には盛岡に到着。東北本線を乗り通せる。そのまま盛岡に泊まるもよし、新幹線で折り返すもよし、もうひと頑張りして田沢湖線で雫石、IGRいわて銀河鉄道で八戸方面に向かうこともできる。

小峰城跡

戊辰戦争「白河口の戦い」で大部分を焼失したが、現在は天守に当たる三層櫓や前御門が復元されている。白河駅から徒歩5分。

釣山公園

一ノ関の桜や紅葉の名所と知られる。小高い丘の上にあり、頂上からは一関市街が一望できる。一ノ関駅から徒歩10分。

仙台駅

東北を代表するターミナル駅。駅ナカにはお土産屋や飲食店が充実しており、牛たんやすしなどの仙台グルメも楽しめる。

PICK UP

JR東日本　東北本線

東京〜盛岡間535.3kmを結ぶ路線。全線を結ぶ特急はなく、普通列車でもいくつかの乗り継ぎポイントがある。ロングシートの車両が多いので、長時間乗車は適度に途中下車を挟みたい。

Plan 2
東京発

東京駅
↓
東海道本線
(グリーン席)
熱海駅
駅周辺散策
↓
東海道本線
(サフィール踊り子)
東京駅

普通列車グリーン車で行く お手軽日帰り温泉旅

普通列車グリーン車で行く東京から熱海への日帰りプチトリップ。

東京から熱海へは、東海道本線の普通列車でも1時間40分ほど。「踊り子」と比べても所要時間は20分程度の差だ。リーズナブルかつ本数が多いので思い立ったらすぐに旅立てる。駅から徒歩やバスで行ける範囲に日帰りの温泉施設が多く、駅前の商店街やビーチなどお散歩スポットも充実。帰路は少しリッチにサフィール踊り子に乗って見るのもアリだ。

ラスカ熱海

熱海駅直結のショッピングセンター。駅弁屋やおみやげ屋、カフェ、レストランなどが並び、電車待ちの時間つぶしにもぴったり。

熱海サンビーチ

駅から商店街を抜けて南下した先にある海水浴場。周辺は親水公園として整備され、リゾートらしい風情を楽しめる。熱海駅から徒歩10分。

熱海七湯

古くから温泉地として栄えてきた熱海。「熱海七湯」は大正時代まで自噴していた間欠泉の跡で、現在は再整備され、熱海駅から徒歩約20分圏内に点在している。

平和通り商店街

熱海駅前から延びるアーケードの商店街。おみやげ屋や飲食店が軒をつらね、観光客でにぎわう。熱海駅すぐ。

PICK UP

JR東日本　サフィール踊り子

2020年にデビューしたJR東日本の特急。全車グリーン席で、個室やプレミアムグリーンなどの座席もあり、ラグジュアリーな旅を楽しめる。天窓付きの解放感ある設計で、車窓からは伊豆の海が望める。

Plan 3
長野発

長野駅
↓
長野電鉄
(ゆけむり)
湯田中駅
湯田中散策
↓
長野電鉄
小布施駅
小布施散策
↓
長野電鉄
善光寺下駅
善光寺
↓
長野電鉄
長野駅

長野電鉄で行く懐かし車両の旅

都市部で活躍していた譲渡車両が多く走る長野電鉄。懐かしい車両を楽しみながら、長野電鉄沿線を巡るプラン。

まずは元小田急ロマンスカーの特急車両「ゆけむり」で終点湯田中まで。東急や地下鉄で活躍していた車両を乗り継ぎながら長野へ折り返す。

沿線には小布施や善光寺などの見どころも多く、観光も十分に楽しめる。

湯田中温泉

開湯1350年を越える、信州を代表する温泉場の一つ。小さな共同浴場がいくつも点在し、情緒ある街並みが楽しめる。湯田中駅すぐ。

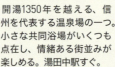

善光寺

日本最古の仏像とされる一光三尊阿弥陀如来を本尊とする寺院。
庶民のお寺として古くから全国に知られる。善光寺下駅から徒歩15分。

北斎館

小布施ゆかりの葛飾北斎の作品を集めた美術館。祭屋台の天井絵をはじめとした肉筆画など、北斎の傑作を鑑賞できる。小布施駅から徒歩10分。

栗の小径

北斎館周辺のエリアは、瓦ぶきの土蔵が並ぶ趣のある街並みが残る。特に北斎館から高井鴻山記念館に出る「栗の小径(こみち)」は雰囲気抜群。小布施駅から徒歩10分。

PICK UP

長野電鉄　特急車両「ゆけむり」

元小田急ロマンスカー10000形「HiSE」の車両で、ロマンスカーの代名詞でもある展望席も健在。信濃路のパノラマが楽しめる。展望席の利用には指定席券が必要で、ウェブでの事前予約も可能。

飯田線
秘境駅めぐりの旅

なぜこんなところに駅が？
というところにひっそりたた
ずむ、まるで秘境のような駅。

Plan 4
豊橋
発

豊橋駅
↓
飯田線
金野駅
↓
飯田線
為栗駅
↓
飯田線
田本駅
↓
飯田線
小和田駅
↓
飯田線
豊橋駅

START

08:11発

豊橋駅

12:04着
12:55発

金野駅

飯田線の中でも1日の平均利用者数が1人以下と特に少ない駅の一つ。ホーム頭上には鋭い岩峰がそそり立ち、ここでしか見られない風景が見られる。

13:18着
13:45発

為栗駅

ホーム目前にダム湖が広がる。かつてはすぐ西側に集落があったが、1951年の平岡ダム完成により水没した。

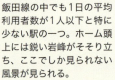

山間を縫うように走る飯田線は、そんな「秘境駅」が多く点在する。
　秘境駅路線・飯田線を代表する秘境駅を1日でめぐるプラン。各駅の滞在時間は30～2時間ほど。周囲を散策したり、静かな駅でひとりぼーっと過ごすのもいい。ひたすらに路線内を行ったり来たりの行程なので、ひとりでじっくりと挑戦してみたい旅だ。

GOAL

20:16着

豊橋駅

16:01着
17:49発

小和田駅

周囲にはほぼ何もなく、飯田線の中でも随一の秘境駅。現皇后の旧姓と同じだったため、1993年の“ご成婚フィーバー”で一時にぎわった。

13:54着
15:31発

田本駅

岸壁にポツンと残されたかのような秘境駅。南東側のトンネル上の歩道から駅と列車が見下ろせる。

アートな列車でめぐる 絵になる街並み

アートに彩られた〝絵になる列車〟と、歴史と文化を感じる〝絵になる街並み〟をめぐる1泊2日のモデルプラン。

初日は倉敷の美観地区を中心に散策し、大原美術館とコラボした井原鉄道のラッピング列車「アート列車」に乗車。余裕があれば神辺の宿場町の街並みめぐりへ。

2日目は福山からスタート。福山市街や鞆の浦をめぐり、現代アートに彩られた瀬戸内エリアの観

Plan 5

岡山発

DAY 1

岡山駅

↓ 伯備線・山陽本線

倉敷駅

美観地区散策

↓ 伯備線

総社駅

↓ 井原鉄道（アート列車）

神辺駅

↓ 福塩線

福山駅

DAY 2

福山駅

福山市街散策

↓ 鞆鉄バス

鞆の浦

鞆の浦散策

↓ 鞆鉄バス

福山駅

↓ ラ・マルしまなみ

岡山駅

倉敷美観地区

白壁の街並みが美しい倉敷美観地区。大原美術館やアイビースクエアなどの文化施設、おしゃれなショップなども多く集まる。倉敷駅から徒歩10分。

光列車「La Malle de Bois（ラ・マル・ド・ボア）」で岡山への帰路に着く。

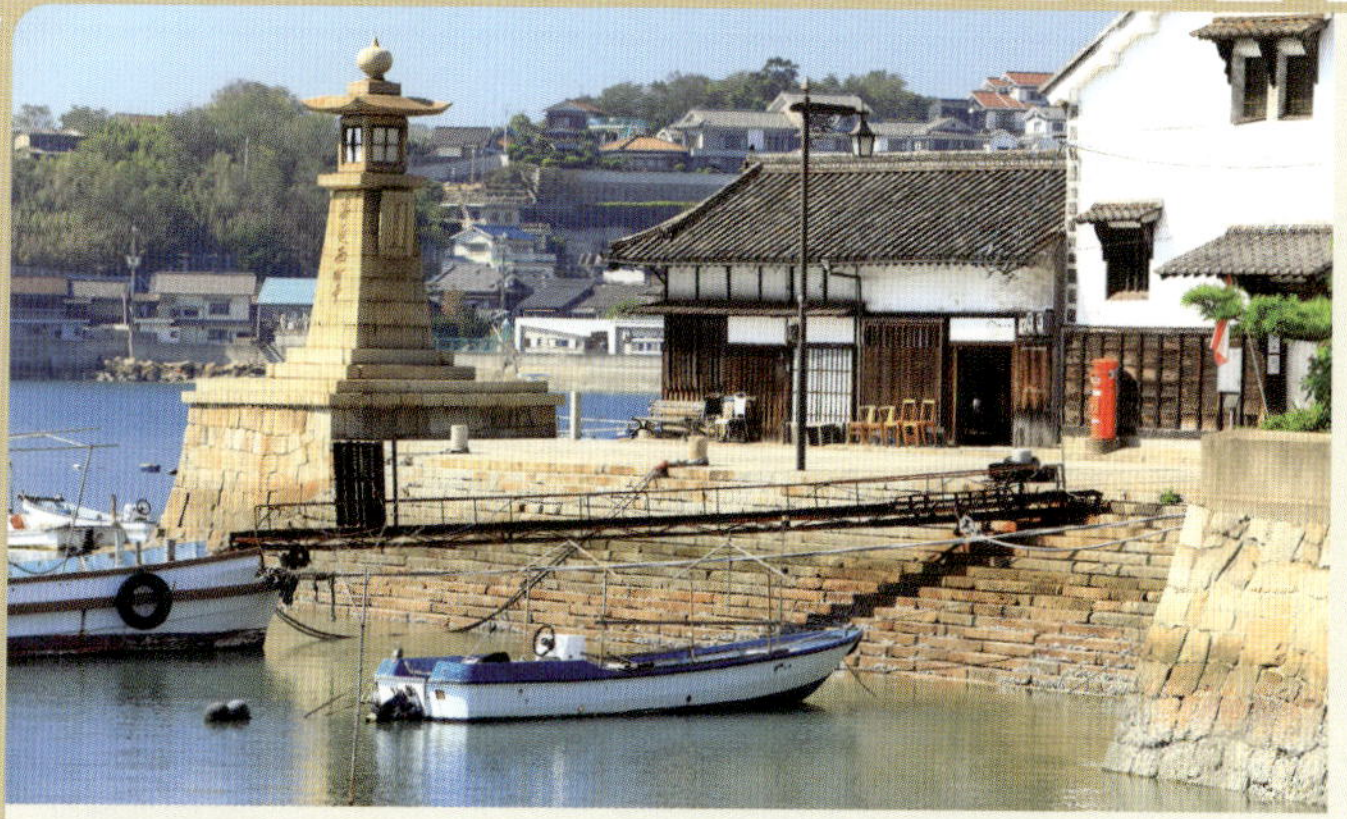

鞆の浦

「潮待ちの港」として江戸時代に栄えた港町。寺社や町屋が立ち並び、ノスタルジックな景観を作り出している。福山駅より鞆鉄バス「鞆の浦」または「鞆港」下車。

福山城

新幹線ホームからも見える城。伏見櫓と筋金御門は1622年の築城時のものが現存している。天守閣内は福山城博物館として史料などが展示されている。福山駅から徒歩3分。

ラ・マル・ド・ボァ

岡山駅から宇野・尾道・日生・琴平の4方面へ走る観光列車。フローリングのおしゃれな内装に、現代アート作家の作品展示スペースやサイクルスペースを備える。

大原美術館

美観地区にある日本初の私立西洋美術館。薬師寺主計が手掛けたギリシャ神殿風の建物も必見。倉敷駅から徒歩15分。

PICK UP 井原鉄道　アート列車

大原美術館に所蔵されているアート作品を車内外にラッピングした特別車両。運行スケジュールは日によって異なるため、乗りたい場合は井原鉄道のホームページを要チェク。

Plan 6
博多発

DAY 1
博多駅
↓
リレーかもめ
武雄温泉駅
↓
ふたつ星4047
（有明海コース）
長崎駅
長崎市街散策

DAY 2
長崎駅
長崎市街散策
↓
西九州新幹線
武雄温泉駅
ライトアップめぐり
↓
リレーかもめ
博多駅

西九州新幹線＆ふたつ星４０４７乗車体験プラン

２０２２年９月に開業した西九州新幹線と、あわせてデビューした新観光列車「ふたつ星４０４７」で行く長崎の旅。

初日は博多から特急で武雄温泉駅まで行き、有明海沿いを走る観光列車「ふたつ星４０４７」に乗車。午後早めに長崎に到着するので路面電車で市内観光へ。

翌日も長崎観光を楽しんだ後は、西九州新幹線で武雄温泉へ戻り博多へ。季節によっては武雄温泉で

肥前浜駅

ふたつ星4047の停車駅の一つ。駅舎に日本酒バー「HAMA BAR」が併設されており、地酒の飲み比べができる。

夜のライトアップを見るのもおすすめだ。

グラバー園

幕末に長崎に来住したスコットランド出身の商人・グラバーが暮らした邸宅をはじめ、市内から移築・復元した洋館群が公開されている。長崎駅から長崎電気軌道「大浦天主堂」下車徒歩7分。

御船山楽園

御船山麓にある大庭園。花や紅葉の季節には夜間ライトアップイベントも。武雄温泉駅からタクシーで5分。

武雄温泉楼門

竜宮城を思わせる武雄温泉のシンボル。東京駅丸の内駅舎を設計した辰野金吾の設計で、クギを一本も使っていない。武雄温泉駅から徒歩10分。

JR九州 ふたつ星4047

PICK UP

西九州新幹線と当時にデビューした武雄温泉〜長崎を結ぶ観光列車。2つのルートがあり、武雄温泉発の午前便は有明海沿いを走り、長崎発の午後便は大村湾沿いを走る。

JR九州 西九州新幹線

PICK UP

2022年9月にデビューした武雄温泉〜長崎を結ぶ新幹線。愛称は「かもめ」。専用のN700S車両で運行される。

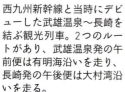

ひとり旅をおトクに楽しむ

おすすめフリーきっぷ

乗るも降りるも気ままなひとり旅にはエリア内の乗降自由なフリーきっぷがおすすめ。ここでは、JRのフリーきっぷを中心にご紹介。ほか、往復タイプのきっぷや、各私鉄の一日乗車券など、各鉄道会社からさまざまなおトクなきっぷが出ているので、目的地が決まったらまずは調べてみよう。

JR6社

青春18きっぷ

全国のJR線の普通列車自由席およびBRT、JR西日本宮島フェリーに1日乗り放題のきっぷが5日分セットになったもの。特急や新幹線に乗ることはできないが、普通列車や快速列車種別の観光列車には指定席券やグリーン席券を購入すれば乗ることができる（普通車自由席の観光列車はそのまま乗車できる）。

DATA

発売期間：利用期間開始の約10日前から終了の10日前

利用期間：春季（3～4月頃）、夏季（7～9月頃）、冬季（12～1月頃）

有効期間：連続する5日間、3日間

発売場所：みどりの窓口、指定席券売機、旅行代理店など

発売価格：1万2050円（5日分）、1万円（3日分）

JR北海道

一日散歩きっぷ

札幌を中心に道央エリアのフリー区間内の普通列車に1日乗り放題のきっぷ。前売りはなく、購入は販売駅にて利用当日のみ可能。道北エリア版の「道北一日散歩きっぷ」もある。

JR北海道では「Peachひがし北海道フリーパス」など飛行機利用者向けのエリアフリーきっぷを発売しており、こちらでカバーできない範囲を補う使い方もおすすめ。

DATA
発売期間：4月27日～11月10日までの土曜・休日（2024年度実績）
利用期間：同上
有効期間：乗車日当日に限り有効
発売場所：小樽・札幌ほか指定の駅
発売価格：2540円

JR東日本

都区内パス

東京23区内の普通列車に1日乗り放題のきっぷ。首都圏在住者の日帰り旅や、東京観光での利用におすすめ。モバイルSuicaアプリでの購入も可能（利用当日のみ）で、手軽に利用できる。

DATA
発売期間：通年
利用期間：通年
有効期間：乗車日当日に限り有効
発売場所：指定席券売機またはモバイルSuicaアプリ、一部旅行代理店
発売価格：760円

JR東海

JR東海＆16私鉄 乗り鉄☆たびきっぷ

JR 東海と隣接する16私鉄の普通列車自由席に2日間乗り放題のきっぷ。特急券を別途購入すれば、フリー区間内の特急や東海道新幹線の熱海～米原間の「ひかり」「こだま」に乗車できる(新幹線は4回まで)。土休日の連続する2日間での利用が可能で、平日は使えない。また、GW やお盆・年末年始も利用不可なので大型連休での利用は注意しよう。

DATA
発売期間：乗車日の一か月前から利用初日まで
利用期間：通年(GW、お盆、年末年始期間のぞく)
有効期間：土休日の連続する2日間
発売場所：フリー区間内のJR東海の主な駅、旅行代理店
発売価格：8620円

JR西日本

tabiwa周遊パス

JR 西日本の観光ナビ「tabiwa by WESTER」で発売されているデジタルフリーきっぷ。「北陸おでかけ tabiwa パス」「とやま周遊2day パス」「岡山ワイドパス」など、北陸・瀬戸内の対象エリア内で、JR 線や周辺私鉄などが乗り放題になるさまざまなフリーパスを展開している。「tabiwa」の WEB サイトやアプリから購入が可能。スマートフォンでチケット画面を表示することで利用できる。

チケットの予約・購入や利用はアプリの利用が便利

JR四国

バースデイきっぷ

特急列車を含むJR四国全線と土佐くろしお鉄道全線、ジェイアール四国バスの路線バスが3日間乗り放題のきっぷ。グリーン車用と普通車自由席用がある。自分への誕生日祝いとしての“ごほうび旅”にもおすすめ。また、ひとり旅というテーマからはずれてしまうが、同行者3名分までの購入が可能となっている。

DATA
発売期間：乗車日の一か月前から利用初日まで
利用期間：誕生月
有効期間：連続する3日間
発売場所：フリー区間内のJR東海の主な駅、旅行代理店
発売価格：1万2000円(普通車自由席用)、1万5000円(グリーン車用)

JR九州

旅名人の九州満喫きっぷ

九州の全鉄道の普通列車が1日乗り放題のきっぷが3回セットになったもの。以前の青春18きっぷと同様に、ひとりで3日間利用しても、同一行程を3人で利用してもいい。九州版の青春18きっぷという趣だが、こちらは通年利用可能なのと、JR以外の九州のすべての鉄道が利用できる点がポイント。前売りはなく、利用当日に現地での購入となる。

DATA
発売期間：通年
利用期間：購入から3か月以内
有効期間：1回分につき乗車日当日に限り有効
発売場所：JR九州の駅、旅行の窓口、九州内の主な旅行代理店
発売価格：1万1000円

最高のひとり旅の思い出

旅の経験豊富なひとり旅アドバイザーの皆さん。
その中でも、いちばん思い出に残っている「人生最高のひとり旅」とは――？

松尾 諭の「最高のひとり旅」

どうしても撮りたかった「SL飛騨路」

場所：高山本線
時期：1994年12月

高山本線の高山～飛騨古川間で1994年12月に運転された「SL飛騨路」を撮影するために学校を仮病で休んで、前日から泊まり込んで高山本線へ行った。行きの列車のなかで爆睡し、車掌さんに起こされて着いた現地はあいにくの雨だったが、初めて見るC56 160に大興奮。無事に帰宅したものの、仮病がばれて両親からひどく怒られたのも今となっては懐かしいひとり旅の思い出……。

植村 誠の「最高のひとり旅」

最高の旅は まだこれから！

場所：本州外周

いまだ「最高の旅」と出会えていないので、あえてということになりますが、東京起点で「あさかぜ」下関～山陰本線～北近畿タンゴ鉄道～小浜線～敦賀～「日本海３号」～東能代～五能線～奥羽本線～青森～「北斗星」というコースをたどったときは、さすがに満腹感がありました。乗車券を購入するさい、なじみの駅員さんから「越後線は通らないの？」とニヤリとされたのも楽しい思い出です。

杉﨑行恭の「最高のひとり旅」

いつまでも、どこまでも続く風景

場所：オーストラリア
時期：2010年だったかな

シドニーからパースまで乗った「インディアン・パシフィック号」、途中に478kmのナラボー平原を横断する直線区間があって、夜明けから日没まで同じ風景でした。自分が修行僧になったような気がしました。その数日後に、沿線の砂漠に日本の小惑星探査機「はやぶさ」が帰還してきました。

伊藤 桃の「最高のひとり旅」

日高線で過ごした 不思議なひととき

場所：日高本線・大狩部付近
時期：北東パスの期限ぎりぎりの初秋

今はもう列車で訪れることのできないこのエリア。波をかぶるほど海の間近を走るキハ40に乗り、思い付きで大狩部《おおかりべ》駅から節婦《せっぷ》駅まで歩きました。暮れていく海とヘッドライトに照らされる国道にはさまれてただ歩いた、シンプルなこの時間がなぜか今も宝物です。

米山真人の「最高のひとり旅」

かわいい子には旅を？初めてのひとり旅

場所：八高線
時期：1989年

まだ小学生だったある休日。突然父親から５千円を渡されて「これで高崎まで行ってこい」。川越の自宅から東武東上線、八高線を乗り継いで高崎駅へ。時刻表で乗り継ぎを調べて、切符を買う。そんな当たり前のことも新鮮で、年季の入った気動車からみる車窓や、通り過ぎる木造の古い駅、見知らぬ国を旅するような高揚感がありました。最初のひとり旅であり、人生で初めて味わう達成感だったのかもしれません。

池口英司の「最高のひとり旅」

壮大なスケールの山岳鉄道

場所：スイス・レーティッシュ鉄道ベルニナ線
時期：10年くらい前

海外であれば、「氷河急行」で有名なレーティッシュ鉄道のベルニナ線を挙げます。山岳地帯を貫くこの路線は、日本では見ることのできない壮大な風景の中を走ります。終着駅のティラーノはイタリアにあり、英語も通じにくくなるので要注意。国内で一つというのは難しいのですが、峠越えの路線が好きです。根室本線、伯備線、土讃線、肥薩線など。どれが最高と言えるのか難しい。

オオゼキタクの「最高のひとり旅」

「越美線」未成線をたどる旅

場所：長良川鉄道・北濃～九頭竜湖
時期：2011年夏

未成路線「越美線」南北を繋ぐ旅。美濃太田駅で駅弁を買い込み、長良川鉄道の終点北濃駅へ。コミュニティバスと徒歩を組み合わせ、携帯の電波も繋がらないような深い山道を延々と進みます。無事、越美北線・九頭竜湖駅にたどり着けた時は感動でした。あれは同行者がいたら付き合わせられないなぁ……自分のペースで納得いくまで調べたり、見物したり、多少無理めな行程もひとり旅だからこそ試せたのかもしれません。

谷崎　竜の「最高のひとり旅」

人生を変えた ユーラシア横断

場所：ユーラシア横断
時期：1993年

大学卒業後、船で上海に渡り、鉄道とバスで4カ月かけてポルトガルまで移動した。標高5000mのパミール高原、パキスタンやイランの砂漠の鉄道など、シルクロードの景観が忘れられない。帰国後に出した旅行記「上海リスボン街道」が、現在の仕事につながっている。終着地のリスボンで出会った人が現在の妻。この旅がなければ全く別の人生を歩んでいただろう。

佐々倉 実の「最高のひとり旅」

中学2年の春休み、はじめての冒険

場所：室蘭本線
時期：1975年3月

やはり思い出すのは初めての長距離ひとり旅です。中学3年になる春休みに現役のSLを撮影しようと10日間北海道に渡りました。初めての体験ばかりでワクワク、予約したはずの宿がとれていなかったりのトラブル続出でドキドキ……もう気分は冒険でした。

牧野和人の「最高のひとり旅」

連日駅寝、車中泊で

場所：山陰本線
時期：1980年代前半

山陰ワイド周遊券を手に、京都から普通夜行「山陰」で山陰地方へ撮影旅行に出掛けました。当時は普通列車の多くが、旧型客車で運転されていました。宿はすべて、翌朝の撮影地に近い無人駅。コンビニはほぼ皆無でしたが、主要駅の近くには食品を扱う雑貨店や銭湯がありました。お目当ての列車等を撮影するには非効率な旅でも、周遊券の存在を含めて、今よりも列車に乗ってひとり旅をするには、良い環境だったと思います。

谷口礼子の「最高のひとり旅」

中国地方 漫遊の旅

場所：中国地方
時期：2016年夏

中国地方の鉄道にたくさん乗ってみようと旅に出ました。今はなくなってしまった三江線に乗ったり、木次線《きすき》や芸備線・伯備線にも乗りました。木次線の出雲横田では駅の方がリュックを預かってくれて「奥出雲たたらと刀剣館」を勧めてくださったので、列車待ちの間に見学に行きました。旅の途中で出会った方に、錦帯《きんたい》橋という名所を教えていただき、急きょ計画を変えて立ち寄ったのもいい思い出です。出会いがたくさんあって、途中で教えていただいたことをやってみて、旅がどんどん豊かになりました。

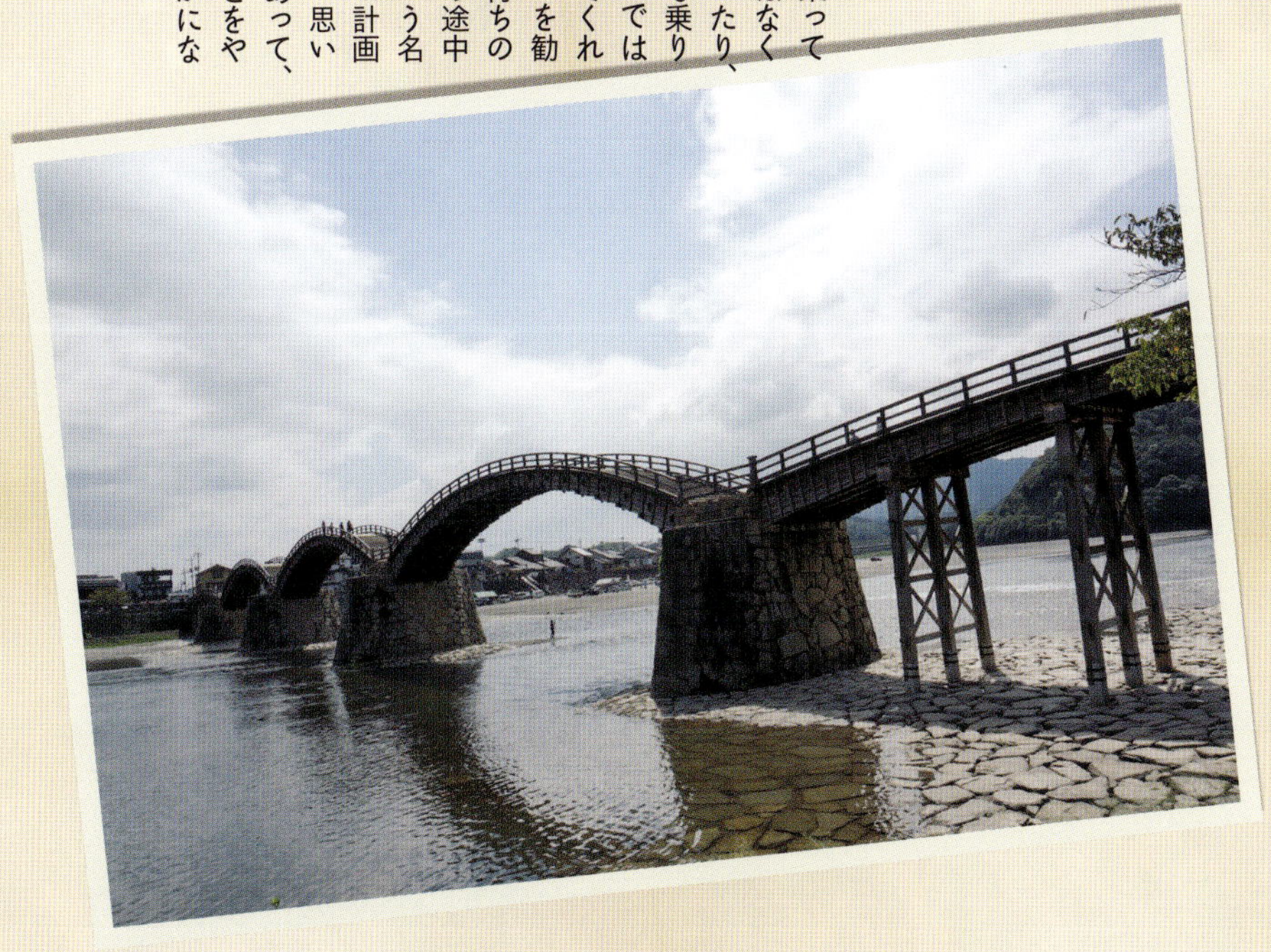

木村嘉男の「最高のひとり旅」

ひとり旅の原点 はじめての ひとり特急旅

場所：新大阪〜小倉
時期：1970年3月

友達と3人で行くはずだった九州へのSL撮影旅行。しかし風邪で熱を出してしまいひとりあとから追いかけることに。小倉駅待ち合せのために乗った列車が「はと2号」。自由席は混んでいてやっと確保できた席が後ろ向きの通路側。外は大人たちの中に中学生ひとり、外はだんだん暗くなってくる。心細さは限界に。やっとの思いで友達と合流。なんともいえない安堵感でいっぱいに。思えばこの体験がその後のひとり旅の原点となり、必ずしも楽しさだけでなく、不安感も併せ持つことを学んだ。

坪内政美の「最高のひとり旅」

今となってはできない 夜行列車弾丸ツアー

場所：九州から北海道まで
時期：2009年春頃

夜行列車乗り継ぎ旅を敢行したことがある。約10日間、ひたすら夜行列車に揺られる。ムーンライト高知・松山・九州・サンライズ出雲・あけぼの・はまなす・まりも・北斗星・サンライズ瀬戸・日本海・きたぐに・能登……寝不足と疲労はピークだったが、ほとんどの夜行列車が消滅してしまった現在、今思えば乗っていてよかったとつくづく感じる。

川瀬ホシナの「最高のひとり旅」

大好きを追いかける 最高の旅！

場所：富山・高岡・氷見
時期：4月

藤子不二雄先生の故郷で「まんが道」の聖地と、「冠雪した立山連峰」を見るべく富山県の旅に行きました。藤子・F・不二雄先生の

蜂谷あす美の
「最高のひとり旅」

人のやさしさに触れる五能線の旅

場所：五能線
時期：２０１５年２月

他に乗客がいない普通列車で車掌さんから話しかけていただいたり、写真を撮っていただいたり、さらに絶景ポイントで減速してもらえたりなど、至れり尽くせりでした。ついでに、途中から乗ってきた地元のおばちゃんを紹介いただき、一緒に「不老ふ死温泉」に行きました。

故郷・高岡ではドラえもんスポットを巡り、藤子不二雄Ａ先生の故郷・氷見《ひみ》では、レンタサイクルで街に点在するキャラクターを見てまわりました。もちろん、ドラえもんトラムとハットリくん列車にも乗車♪　雨晴海岸から望む立山連峰も最高でしたし、好きなものをとことん追いかけた大満足の旅でした！

column 4

鉄道ひとり旅は備えも肝心

行き当たりばったりで進むのもひとり旅のだいご味。とはいえ、鉄道にはダイヤがあり、いつでもどこでも自由に乗れるというわけではない。テキトーに現地に行ったら、何もない乗り換え駅でものすごーく待たされたり、そもそも本数が少なくてお目当ての列車に乗れなかったり……なんてことも。今どきは乗り換えアプリでサクッと行程を調べられるので、目的地に行くための最低限のプランだけでも立てておこう。紙の時刻表があるなら、前後の列車や周辺の路線なども調べられ、より柔軟なプランニングができる。また、プランが決まっていればおトクなきっぷなども利用しやすいので、よりおトクに、スマートに旅を楽しむためにもある程度の計画は大事だ。

路線によっては乗り継ぎや本数がシビアな場合も少なくない。「逃してはダメ」な最低限のポイントは事前に調べておこう

ブックデザイン　川尻裕美（エルグ）
編集　近江秀佳
校正　木村嘉男

本書は、株式会社天夢人が 2023 年 3 月 22 日に刊行した旅鉄 BOOKS065『鉄道ひとり旅のススメ』を再編集したものです。

旅鉄BOOKS PLUS 013

ニッポン鉄道ひとり旅

2025年 1 月 25 日　初版第 1 刷発行

著　者　旅鉄BOOKS編集部
発行人　山手章弘
発行所　イカロス出版株式会社
〒101-0051 東京都千代田区神田神保町1-105
contact@ikaros.jp(内容に関するお問合せ)
sales@ikaros.co.jp (乱丁・落丁、書店・取次様からのお問合せ)
印刷・製本　株式会社シナノパブリッシングプレス

Printed in Japan　ISBN978-4-8022-1560- 2